*Quand il n'existe pas
de réponses simples*

Quand
il n'existe pas
de réponses
simples

UN REGARD DIFFÉRENT SUR DIEU,
LA SOUFFRANCE ET LE MAL

John S. Feinberg

ÉDITIONS IMPACT

Édition originale en anglais sous le titre :
When There Are No Easy Answers: Thinking Differently About God, Suffering, and Evil
© 2016 par John S. Feinberg
Publié par Kregel Publications, un ministère de Kregel, Inc.
Grand Rapids, MI 49505, U.S.A.
Tous droits réservés. Traduit et publié avec permission.

Pour l'édition française :
Quand il n'existe pas de réponses simples : un regard différent sur Dieu, la souffrance et le mal
© 2019 Publications Chrétiennes, Inc.
Publié par Éditions Impact
230, rue Lupien, Trois-Rivières (Québec)
G8T 6W4 – Canada
Site Web : www.editionsimpact.org
Tous droits de traduction, de reproduction et d'adaptation réservés.

Traduction : Samuel Herrenschmidt
Couverture et mise en page : Rachel Major

ISBN : 978-2-89082-344-0
Dépôt légal – 3ᵉ trimestre 2019
Bibliothèque et Archives nationales du Québec
Bibliothèque et Archives Canada

« Éditions Impact » est une marque déposée de Publications Chrétiennes, Inc.

À Josiah Stephen, Jonathan Seth et Jeremy Samuel.
Trois cadeaux de l'amour de Dieu.

Table des matières

Préface à l'édition française

Il y a une trentaine d'années, mon épouse et moi attendions notre troisième enfant. Lors du dernier rendez-vous médical avant l'heureux évènement, mon épouse m'a téléphoné pour m'apprendre que le médecin n'entendait plus le cœur du bébé et qu'elle devait se rendre à l'hôpital pour un examen plus approfondi. Malheureusement, cet examen n'a fait que confirmer la première observation. Nous n'allions pas vivre cet évènement heureux.

Voici ce que nous avons écrit à nos parents et amis pour les remercier de leur sympathie à notre égard :

> Il est difficile de décrire ce que nous avons vécu à la suite de cet évènement. Il est certain que plusieurs questions restent sans réponses et qu'elles le resteront. Nous nous sentons impuissants parce que nous ne pouvons rien faire pour changer ce qui est arrivé. Il est évident que toutes sortes de sentiments nous ont envahis, Christine et moi, et ce, à différents degrés. Nous avons ressenti de la peine, de la frustration, de la culpabilité... Nous comprenons toutefois que la vie sur cette terre est parsemée de moments pénibles.

Encore aujourd'hui, les larmes me viennent aux yeux lorsque je me rappelle cette période de notre vie puisque nous n'avons pu accueillir Léa Christine dans la famille. Bien des questions sont demeurées sans réponses. En fait, nous n'avons jamais su les raisons médicales qui ont mené à ce qui s'est passé. Quelques amis nous ont exprimé leur soutien, mais comme eux, nous n'avions pas (et n'avons pas encore aujourd'hui) les réponses à toutes nos questions. Notre plus grand réconfort se trouve dans la certitude que nous la reverrons là-haut.

Ce n'est pas sans intérêt que j'ai lu le livre de John Feinberg. Mon intérêt était également accentué par l'arrivée d'une nouvelle épreuve dans ma vie. J'ai été captivé par ce livre et y ait trouvé un grand réconfort. Comme le mentionne l'auteur, ce livre n'a pas été facile à écrire pour lui puisqu'il raconte, avec honnêteté, le récit émouvant de la maladie de son épouse et les implications de cette épreuve pour lui-même et sa famille. Cependant, il ne fait pas que raconter une expérience, puisqu'il nous enseigne et nous donne de précieux conseils pour affronter la souffrance et le mal dans nos vies ainsi que celles des autres. Le Dr Feinberg a développé une expertise en théodicée (c'est-à-dire la capacité d'expliquer comment Dieu peut permettre l'existence du mal). Il nous laisse ce témoignage à la fin du livre : « Je sais également qu'une des principales choses que Dieu voulait accomplir dans ma vie était de me préparer à affronter la tragédie pour que je puisse éventuellement réfléchir encore plus sérieusement au problème du mal, écrire beaucoup sur ce thème, et prêcher et enseigner sur ce sujet. »

Je sais que vous ne trouverez pas les réponses à toutes vos questions dans ce livre, mais vous serez encouragés à vous confier en Dieu même « quand il n'existe pas de réponses simples ».

– Guy Boily, enseignant de la Bible, Assemblée Évangélique
de la Rive-Sud, Québec

Avant-propos

Beaucoup de gens souffrent dans notre monde d'aujourd'hui. Personne ne peut prédire où et quand une tragédie surviendra. Parfois, parce que nous n'avons jamais été confrontés à un grand malheur, nous pensons que cela ne nous arrivera pas. Nous partons du principe que nous n'aurons pas à faire face aux pires tragédies, surtout si nous vivons nos vies en accord avec la Parole de Dieu. Les chrétiens connaissent l'histoire de Job, mais tout le monde s'accorde pour dire qu'il est un cas à part. Il est naturel de penser que ceux qui souffrent horriblement sont punis à cause d'un grave péché.

Toutes ces conceptions populaires ont perdu toute valeur quand ma famille a appris une nouvelle qui dépassait de loin nos pires craintes. Ce livre raconte ce qui s'est passé et ce que cela m'a appris. Je n'avais jamais imaginé que j'écrirais un livre comme celui-ci. Et bien entendu, j'aurais souhaité ne pas avoir à apprendre de cette façon ce que je vais vous partager. Toutefois, la volonté et les voies de Dieu ne s'accordent pas toujours avec ce que nous voudrions voir arriver. J'ai donc une histoire que je n'aurais jamais imaginé avoir. Je la partage parce que j'espère qu'elle vous aidera si vous souffrez, et je crois aussi qu'elle pourra aider ceux qui accompagnent des personnes affligées.

Ce livre a déjà été publié par le passé. Il était tentant de ne pas le rééditer, mais je me suis rendu compte que quand je raconte notre histoire, ceux qui l'entendent la trouvent très utile. Ils demandent souvent si elle a été publiée parce qu'ils aimeraient la partager avec des membres de la famille ou des amis. J'ai donc cherché à la faire rééditer. Il est vrai aussi que beaucoup de temps s'est écoulé depuis la première publication, et que plusieurs événements ont eu lieu depuis. Les grands thèmes des éditions précédentes demeurent inchangés, mais j'en ai développé certains et j'ai ajouté des informations sur ce que nous vivons en ce moment alors que nous continuons à faire face à la maladie de mon épouse.

Dans la mesure où ce livre concerne les luttes avec la souffrance et le mal, certains lecteurs peuvent se demander pourquoi je n'ai pas mentionné d'autres ouvrages classiques qui traitent de cette question, comme *Apprendre la mort* de C. S. Lewis, *Jusques à quand ?* de D. A. Carson et *Requiem pour un fils* de Nicholas Wolterstorff, qui valent tous la peine d'être lus. Je ne les mentionne pas simplement parce que ce livre n'est pas le résultat d'un projet de recherche académique. Il s'agit plutôt de l'histoire de ma famille, et ce qui nous est arrivé est, de bien des manières, unique. C'est une histoire très personnelle et j'aurais bien voulu qu'elle reste dans le domaine privé. Cependant, il y a bien des années, j'ai compris, à travers la direction du Seigneur et l'encouragement des autres, que je devais écrire ce livre, mais je voulais qu'il raconte *notre* histoire, à *ma* façon et avec *mes* mots. Je le propose en tant que témoignage personnel des rapports particuliers de Dieu avec moi et ma famille.

La production d'un livre nécessite toujours les encouragements et l'aide de diverses personnes. Je dois tout d'abord exprimer ma gratitude à Denis Hillman et Kregel Publications. Leur empressement à accepter la réédition de ce livre est très apprécié ! Je remercie tout spécialement Dawn Anderson, rédactrice en chef à Kregel, pour ses efforts inlassables. Je suis persuadé qu'aucun de nous ne considère ce livre comme un moyen de faire de l'argent, mais plutôt comme une opportunité d'aider ceux qui souffrent.

Il existe bien entendu d'autres livres sur la souffrance, mais trop souvent, les discussions chrétiennes sur les luttes personnelles avec la souffrance ont tendance à minimiser la sévérité des afflictions, et dans certains cas, vont jusqu'à tenter de convaincre les lecteurs que les maux rencontrés n'en sont finalement pas. Tout cela peut sembler logique pour ceux qui n'ont jamais eu à affronter quelque chose de vraiment tragique, mais ceux qui font réellement face à des situations horribles savent qu'il n'en est rien. Vous ne devriez pas vous attendre à ce qu'une personne soit réconfortée – et vous ne pourrez réconforter personne – si votre stratégie fondamentale est d'essayer de les convaincre que ce qui est arrivé n'est, après tout, pas si grave que ça, et que la réponse appropriée d'un chrétien est de se réjouir de ce qui est arrivé. Ne vous attendez pas à trouver de telles platitudes dans ce livre ! Des choses terribles arrivent à des hommes et des femmes de Dieu. Ne croyez pas que la façon de les aider à faire face au malheur consiste à minimiser la cause de leur souffrance. Jésus savait qu'il allait ressusciter Lazare, mais quand il a vu son corps et la peine de Marthe et Marie, les sœurs de Lazare, il a pleuré (Jn 11.35) ! Il ne nous est pas demandé de nous réjouir du fait qu'un malheur soit arrivé à quiconque.

Il y a plusieurs années, en préparation d'une précédente édition de ce livre, Pat a écrit un épilogue que j'inclus dans cette édition. Il reflète parfaitement la manière dont elle a toujours bravé cette maladie. Je crois que vous le trouverez émouvant et qu'il sera un encouragement dans vos propres épreuves et afflictions.

Si vous souffrez en ce moment même, j'espère que ce livre pourra vous aider. Certaines parties de ce livre méritent d'être relues ultérieurement, quand vous aurez eu plus de temps pour gérer les épreuves auxquelles vous êtes confrontés. Tout ne m'a pas aidé au même moment, donc je comprends parfaitement que vous puissiez trouver certaines parties de ce livre utiles à un moment donné et d'autres à un autre moment. J'espère et je prie également que ce livre puisse être utile à ceux qui accompagnent les personnes dans la détresse. Que Dieu utilise ce livre de ces différentes manières pour sa gloire !

1

Prélude à un problème

L e 4 novembre 1987 est le jour qui a changé ma vie à tout jamais. Permettez-moi de revenir un peu en arrière. J'ai grandi dans une famille chrétienne peu ordinaire. Mon père et ma mère venaient de familles juives orthodoxes très pratiquantes. Ma mère est née à Kovel, en Ukraine, quelques années à peine avant le début de la Première Guerre mondiale, et mon père, lui, est né et a grandi à Pittsburgh en Pennsylvanie. Quelle chance avaient-ils, humainement parlant, de se rencontrer un jour ? Bien entendu, la chance n'a rien à voir là-dedans. Ma mère faisait partie de ces immigrants dont en entend parfois parler, qui sont arrivés aux États-Unis par Ellis Island, dans le port de New York. Son père était parti pour les États-Unis sept ans avant le reste de la famille. La famille a finalement été réunie et s'est installée au sud de Chicago.

Le Seigneur s'est révélé à mon père pendant ses études à l'Université de Pittsburgh et à la fin de l'année 1929, il a accepté Jésus comme son Messie et Sauveur. Des missionnaires qui œuvraient auprès des Juifs ont donné un évangile à ma mère quand elle était encore adolescente, et elle a aussi reçu Jésus comme son Messie et Sauveur.

Bien entendu, leurs deux familles ont été scandalisées. Ni mon père ni ma mère ne voulaient blesser leurs familles, mais que pouvaient-ils faire ? Ils ne pouvaient nier la vérité : Jésus est le Messie tant attendu d'Israël. Plus tard, ma mère a voulu suivre une formation biblique au Moody Bible Institute. Ses parents ont exigé qu'elle renonce à sa nouvelle religion ou qu'elle quitte le foyer familial. Ma mère aimait sa famille, mais, déterminée à suivre le Seigneur, elle a décidé de s'inscrire à Moody et a emménagé dans la résidence universitaire.

Peu après avoir accepté Christ, mon père a été saisi par un appel très clair au ministère. Il a suivi cet appel et s'est inscrit au Dallas Seminary. En à peine cinq ans, il a obtenu un baccalauréat, une maîtrise et un doctorat en théologie[1]. Pendant ses années d'étude, mon père était demandé pour enseigner et pour prêcher. Un jour, il a été invité à parler dans le Michigan comme représentant de Chosen People Ministries (la mission qui l'avait conduit au Seigneur). À l'époque, le transport aérien n'était pas encore régulier ou fiable, il fallait donc s'y rendre en train ou en automobile. Mon père est parti en voiture avec un ami, et ils se sont arrêtés en chemin à Chicago pour passer la nuit. L'ami qui voyageait avec mon père avait un ami à Moody qui les a invités à assister le lendemain à une soirée organisée pour les étudiants de Moody.

Mon père a rencontré ma mère à cette soirée, et peu de temps après, ils se sont fiancés. Le plan était que ma mère finisse ses études à Moody et reste à Chicago pendant que mon père achevait son doctorat à Dallas. Le 14 mai 1935, mon père a gradué au Dallas Seminary, et le jour même, dans la maison du docteur Lewis Sperry Chafer et de sa femme, mon père et ma mère se sont mariés.

---

1. N. D. T. : une licence, un master et un doctorat (en France).

Mon père enseignait déjà au Dallas Seminary avant même d'avoir fini ses études. Il est demeuré à la faculté jusqu'en 1948, date où il a été appelé à se rendre dans le sud de la Californie pour enseigner au Bible Institute de Los Angeles, et finalement fonder le Talbot Theological Seminary. Mon frère, ma sœur et moi sommes nés pendant les années que mes parents ont passées à Dallas. J'avais deux ans quand ma famille a déménagé en Californie.

Enfant, j'ai souvent entendu parler des Juifs et de la manière dont, de tout temps, ils ont été persécutés pour le simple fait d'être Juifs. Lentement mais sûrement, j'ai appris que cette vie comporte beaucoup de peine et de souffrance, même pour ceux qui croient en Christ comme leur Sauveur. Ma propre famille était une illustration frappante de cette vérité. Pendant son enfance, ma mère n'a pas bénéficié d'une alimentation adéquate – les paysans juifs en Ukraine avaient du mal à subvenir à leurs besoins. À cause de cela et d'autres problèmes physiques, ma mère a dû surmonter, pendant toute sa vie adulte, un problème de santé après l'autre. En fait, je n'arrive pas à me souvenir d'un seul jour de ma vie où ma mère ne souffrait pas ou n'avait pas un souci de santé ou un autre. J'ai donc grandi avec la pleine conscience que personne n'est épargné par la souffrance simplement parce qu'il accepte Christ et obéit aux commandements des Écritures. Mes parents et l'Église m'ont aussi enseigné que la clé, dans la vie, est de trouver la volonté de Dieu et de s'y soumettre. Je me demandais cependant s'il était vraiment possible de connaître la volonté de Dieu pour nos vies. Je pense que la plupart des chrétiens ont ce même désir et se posent cette même question.

En grandissant, j'ai cherché la volonté de Dieu, ce qu'il voulait que je fasse de ma vie et qui je devais épouser. À vingt-six ans, j'étais certain d'avoir trouvé la réponse de Dieu à ces deux questions. Et je n'ai jamais douté de cette réponse.

Pourtant, après le 4 novembre 1987, j'ai commencé à me poser des questions auxquelles je n'avais jamais pensé auparavant. Des questions telles que : Est-ce qu'il arrive que Dieu nous dissimule des informations afin de nous amener à faire sa volonté ? Est-il possible de chercher la volonté de Dieu, de la trouver, de l'accomplir et de découvrir ensuite que ce que Dieu voulait a causé une grande souffrance et un grand malheur dans notre vie ? Et si c'est le cas, cela ne signifie-t-il pas que Dieu a utilisé la ruse voire la tromperie pour nous amener à faire sa volonté ?

Après le choc initial causé par la lecture de ce paragraphe, vous devez probablement penser: « C'est insensé ! Cela ne pourrait pas arriver, parce que Dieu ne se comporte pas de cette façon. Les Écritures nous disent de demander à Dieu de nous montrer sa volonté. En fait, Jésus a enseigné à ses disciples à prier Dieu que sa volonté soit faite sur terre comme elle l'est au ciel (Mt 6.10). Les membres du peuple de Dieu doivent donc, bien entendu, demander à Dieu de faire sa volonté dans leurs vies. En effet, l'apôtre Jean donne cet encouragement : « Nous avons auprès de lui cette assurance que si nous demandons quelque chose selon sa volonté, il nous écoute. Et si nous savons qu'il nous écoute, nous savons que nous possédons la chose que nous lui avons demandée, quelle qu'elle soit » (1 Jn 5.14,15).

Cela semble assez clair. Nous devons rechercher la volonté de Dieu et, tant que nous prions selon sa volonté, il nous accordera ce que nous demandons. Si nous prions selon la volonté de Dieu, il ne nous donnera pas quelque chose de mauvais, n'est-ce pas ? Après tout, souvenons-nous de ce que Jésus a dit :

> Lequel de vous donnera une pierre à son fils, s'il lui demande du pain ? Ou, s'il demande un poisson, lui donnera-t-il un serpent ? Si donc, méchants comme vous l'êtes, vous savez

donner de bonnes choses à vos enfants, à combien plus forte raison votre Père qui est dans les cieux donnera-t-il de bonnes choses à ceux qui les lui demandent (Mt 7.9-11).

Assurément donc, si Dieu révèle sa volonté et que nous l'accomplissons, il ne nous arrivera pas de mal. Dieu ne nous donnera pas une pierre quand nous demandons du pain, ou un serpent quand nous demandons un poisson, surtout si nous demandons quelque chose selon sa volonté pour nous. Penser le contraire est absurde, voire blasphématoire. Cela revient à s'imaginer l'impensable, l'impossible.

Mais est-ce vraiment le cas ? Pendant la majeure partie de ma vie, je n'aurais même pas pensé à soulever de telles questions. Oh, je savais que le mal atteignait aussi les gens bien, et pendant une grande partie de ma vie, je me suis demandé pourquoi Dieu permettait que cela arrive à ceux qu'il aime tant. En grandissant, j'étais fasciné par l'histoire de Job, et particulièrement par ce que nous apprennent les deux premiers chapitres sur la façon dont tout a commencé. Venant d'un milieu juif, j'entendais fréquemment mes parents parler de l'Holocauste, et j'étais horrifié par tant d'inhumanité. Bien plus, je ne pouvais comprendre comment un Dieu d'amour pouvait permettre que cela arrive à son « peuple élu ». Et puis, il y avait ma mère et ses divers maux physiques. Rarement, elle a été malade au point de ne pas pouvoir s'occuper de la maison, mais je pouvais voir qu'elle poursuivait ses activités tout en souffrant constamment.

L'histoire de ma mère ne s'arrête toutefois pas là. Sa vie a été remplie de persécutions. Elle est née dans un petit village ukrainien au début du XXe siècle. Le gouvernement ne se préoccupait pas des paysans à cette époque, et les paysans juifs avaient encore moins de valeur. Peu après sa naissance, la révolution bolchévique a eu lieu en Russie. En plein cœur de la persécution, sa famille et elle ont finalement fui leur pays pour se rendre aux États-Unis. La cruauté qu'elle a subie de la part des soldats et la nécessité de se cacher pour éviter d'être arrêtée ont marqué de manière indélébile sa personnalité. Pendant bien des années, même à l'âge adulte, elle avait encore des cauchemars par rapport à son enfance.

Tout cela m'a amené à me demander pourquoi un Dieu d'amour permettrait que de telles souffrances et difficultés touchent des innocents. Par moments, je me suis demandé si je voulais toujours adorer et servir Dieu s'il récompensait ma fidélité par de grands malheurs. Je ne m'attendais pourtant pas à devoir affronter personnellement de telles questions, parce que je ne m'étais jamais imaginé que de terribles afflictions pouvaient survenir quand on cherche, découvre et accomplit la volonté de Dieu. Je n'aurais pas pensé non plus que les voies de Dieu pouvaient inclure le fait d'amener quelqu'un à faire sa volonté en lui cachant une information – information qui, si elle avait été connue de la personne, l'aurait retenue de faire la volonté de Dieu, mais lui aurait aussi évité bien des peines et des tourments. Cela ressemble à de la ruse, voire de la tromperie, et ce serait également cruel, surtout si en accomplissant la volonté de Dieu, nous nous retrouvions en proie à une grande détresse. Qui pourrait penser que Dieu agit ainsi pour arriver à ses fins ?

Et pourtant, vers la fin des années 1980, il m'est arrivé quelque chose qui m'a conduit à poser de telles questions et à penser l'impensable. Pour des raisons que j'ai déjà mentionnées, j'ai beaucoup réfléchi pendant ma vie au problème du mal et à la question « pourquoi le mal et la souffrance existent-ils dans notre monde s'il existe un Dieu qui nous aime assez pour l'empêcher et qui a le pouvoir de le faire ? » En fait, j'ai même écrit ma thèse de doctorat en philosophie sur le problème du mal. J'avais appris qu'il y a une différence entre se demander pourquoi le mal existe *de manière générale* si un Dieu tout-puissant et plein d'amour existe, et se demander pourquoi Dieu permet qu'un mal *précis* arrive à quelqu'un.

Les philosophes et les théologiens débattent intellectuellement de la question à savoir comment la présence du mal dans notre monde est cohérente avec l'existence d'un Dieu tout-puissant et plein d'amour. D'un autre côté, l'*expérience personnelle* du mal crée un autre type de problème. Ceux qui vivent un malheur personnel peuvent constater que leur souffrance perturbe leur relation avec Dieu. Ils peuvent même être tentés de ne plus croire du tout en Dieu. L'expérience personnelle du mal plonge le croyant dans une crise de foi. Comme le fait judicieusement remarquer un philosophe : « Un tel problème nécessite non pas une illumination philosophique, mais un suivi pastoral[2]. »

J'ai lu cette affirmation, il y a bien des années. Sur le plan intellectuel, j'étais en accord, mais du point de vue de l'expérience, je ne la comprenais pas vraiment. J'avais toujours considéré le problème du mal comme un obstacle majeur pour amener les non-chrétiens à se tourner vers Christ. Je savais que cela pouvait être dévastateur pour la foi des chrétiens également. Toutefois, je pensais que du moment qu'on pouvait expliquer intellectuellement pourquoi Dieu permet le mal dans le monde, cela satisferait ceux qui souffrent. Je pensais que ces explications donneraient la force nécessaire pour supporter les afflictions. Bien plus, je croyais que si les conseillers pouvaient juste montrer toutes les choses positives que Dieu pouvait accomplir à travers l'épreuve, dans la vie de ceux qui souffrent, les affligés pourraient même se trouver en position de remercier Dieu pour l'épreuve.

---

2. Alvin Plantinga, *God, Freedom and Evil* [Dieu, la liberté et le mal], trad. libre, New York, Harper and Row, 1974, p. 63-64.

Quand je voyais d'autres personnes en difficulté dans leur relation avec Dieu à cause d'une tragédie, je pensais naïvement que si je pouvais seulement parler avec eux et leur donner quelques réponses intellectuelles, cela résoudrait tout. J'étais un peu impatient avec eux quand ils semblaient incapables de surmonter leurs difficultés. En principe, j'étais d'accord pour dire que ceux qui souffrent ont besoin de suivi pastoral, mais je pensais qu'une bonne partie de ce suivi consistait à expliquer intellectuellement les intentions que Dieu avait en permettant le mal. Peut-être que les difficultés personnelles à propos du mal ne nécessitaient pas d'illumination philosophique, mais une bonne dose de philosophie académique ne pouvait pas faire de mal. Du moins, c'est ce que je pensais.

Depuis le 4 novembre 1987, j'en suis venu à voir les choses de manière bien différente, particulièrement à cause de la manière dont le mal a profondément frappé ma femme et ma famille. Je n'aurais pas pu écrire ce livre avant cela. Je pensais qu'on pouvait se contenter d'avoir des réponses intellectuelles, et que ces réponses seraient suffisantes pour passer à travers tout malheur personnel que je pourrais rencontrer dans ma vie. Après avoir appris la nouvelle concernant l'état de santé de ma femme, j'ai pendant longtemps trouvé cela trop douloureux de parler de ce qui s'était passé, et encore plus d'écrire à ce sujet.

Qu'est-ce qui a bien pu révolutionner ma pensée ? Permettez-moi de vous raconter mon histoire. Comme bien des gens, j'ai grandi, je suis allé à l'école, je me suis marié et j'ai commencé ma carrière sans soucis particuliers. Il y avait bien quelques problèmes ou quelques épreuves le long du chemin, comme c'est le cas pour la plupart des gens, mais rien de catastrophique ou de vraiment tragique. Je savais que ceux qui choisissent Christ peuvent s'attendre à souffrir, et la foi constante de ma mère en dépit des maladies récurrentes illustrait cela clairement. Je me souviens aussi qu'au début des années

1950, mon père a failli mourir, mais que Dieu l'a miraculeusement gardé en vie. Mon père avait subi une opération à l'Université de Californie, au Los Angeles Medical Center, et son rétablissement à la maison se passait bien. Mais un soir, après que je sois allé me coucher, il a commencé à faire une hémorragie. Peu importe ce que ma mère essayait pour faire cesser le saignement, il ne s'arrêtait pas. Elle l'a emmené dans plusieurs hôpitaux de la région, mais on lui a conseillé de l'emmener voir le docteur qui l'avait opéré. Malheureusement, le UCLA Medical Center et le médecin de mon père se trouvaient à plus de cinquante-cinq kilomètres. Et à l'époque, le système complexe d'autoroutes à Los Angeles n'était pas encore construit. La situation semblait désespérée, mais ma mère ne voulait pas abandonner. Avec l'aide de ma sœur, elle a mis mon père dans la voiture et ils sont partis pour UCLA. Le temps qu'ils arrivent, mon père avait perdu beaucoup de sang. Les médecins ont dit que sa concentration sanguine était si basse qu'il aurait déjà dû être mort. Heureusement, il était toujours en vie, et ils sont parvenus à stabiliser son état. Mon père s'en est remis, mais la constatation que j'aurais pu perdre mon père m'a prouvé une fois pour toutes à quel point nos vies ne tiennent qu'à un fil.

En raison de ces expériences, j'ai conclu que d'autres difficultés allaient se présenter. J'ai supposé qu'elles seraient semblables à celles que j'avais déjà rencontrées – pénibles, frustrantes et, dans une certaine mesure, douloureuses, mais rien de vraiment accablant. Après tout, pensais-je, dès que l'on a marché un certain temps avec Christ et atteint un certain niveau de maturité spirituelle, même les gros problèmes ne risquent pas de mettre en échec la croissance spirituelle. Il se peut qu'il y ait quelques revers temporaires dans la relation avec le Seigneur, mais ils ne dureront pas. De toute évidence, le fait que mon père ait frôlé la mort et que ma mère ait gardé la foi malgré les constantes douleurs physiques confirmait mon point de vue.

Pour moi, tout cela a changé le 4 novembre 1987, quand j'ai appris une nouvelle qui dépassait de loin mes pires cauchemars. Depuis quelques années, ma femme, Pat, avait eu certains problèmes physiques. À ce que l'on sait, les premiers signes de ces problèmes sont apparus dès 1979. Cela a commencé par un tressaillement épisodique de l'épaule, comme un tic. Et, jour après jour, Pat devenait de plus en plus fatiguée. Ces symptômes n'étaient pas douloureux, et ni Pat ni moi ne les considérions comme de vrais problèmes de santé. Elle pensait que ce mouvement involontaire de son épaule n'était qu'une habitude à laquelle elle pouvait mettre fin. Je pensais que son manque d'énergie n'était pas inhabituel pour une femme ayant deux enfants de moins de cinq ans. Au fil des années, ces problèmes se sont accentués, et ils touchaient maintenant d'autres parties de son corps également. Les mouvements semblaient survenir à quelques minutes d'intervalle. Un soir, sans le dire à Pat, j'ai décidé de chronométrer la fréquence de ces mouvements. À ma grande surprise et à mon grand désarroi, j'ai constaté qu'elle avait ces tremblements toutes les deux ou trois secondes. On ne pouvait plus considérer cela comme une mauvaise habitude à laquelle elle pouvait mettre fin.

Nous avons décidé qu'il fallait découvrir quel était le problème et le régler. Pat s'est finalement rendue chez un neurologue qui a posé le diagnostic. Quand elle est revenue de sa visite chez le docteur, j'ai bien vu que quelque chose n'allait pas, mais je n'aurais jamais pu imaginer ce qu'elle allait me dire. Le docteur lui avait diagnostiqué la chorée de Huntington.

À l'époque, je ne savais rien de la maladie de Huntington. J'ai dû apprendre très vite. La chorée de Huntington est une maladie transmise génétiquement qui entraîne la détérioration précoce de certaines cellules du cerveau. Ces cellules meurent, et le résultat est assez proche de ce qui arrive quand une personne âgée montre des signes de démence en raison du vieillissement. Les symptômes sont à la fois physiques et psychologiques.

Sur le plan physique, on note une perte graduelle du contrôle des mouvements volontaires. Pat a d'abord eu des problèmes d'équilibre, et il lui était de plus en plus difficile de marcher plus que sur une courte distance. À un certain point, elle n'était plus capable ni de se tenir debout ni de marcher, même avec de l'aide. Alors que j'écris ces lignes, cela fait des années qu'elle est en fauteuil roulant et qu'il faut la porter pour l'y mettre ou l'en sortir. La détérioration physique a aussi entraîné des difficultés d'élocution, et Pat a perdu peu à peu sa capacité à avaler. En 2001, on lui a posé une sonde gastrique, et depuis environ dix ans, elle ne peut être alimentée ou hydratée que par ce tube.

Sur le plan mental et psychologique, elle a commencé à être oublieuse. Petit à petit, elle a perdu la capacité de se concentrer sur quoi que ce soit plus de quelques instants. Cela fait maintenant plus de cinq ans et demi qu'elle n'a pas prononcé un mot. Si je parviens à faire en sorte qu'elle me regarde droit dans les yeux et si je parle lentement et n'essaie pas d'aborder des idées complexes, je peux voir, par l'infime réaction dans ses yeux, qu'elle comprend ce que je dis. Toutefois, je ne sais absolument pas si, quelques instants plus tard, elle se souvient de ce que je lui ai dit. Et elle ne peut pas répondre verbalement à ce qu'elle entend. Comme elle ne peut parler, je ne sais pas à quoi elle pense la plupart du temps.

Et puis, comme dans beaucoup de cas de chorée de Huntington, la dépression est un problème majeur, bien que Pat soit traitée pour cela et que, jusqu'à maintenant, elle ait bien répondu à la médication. Dans certains cas, les patients peuvent aussi avoir des hallucinations et développer une schizophrénie paranoïaque.

Heureusement, nous n'avons pas vu jusqu'à présent de manifestations de ces symptômes, mais l'un des aspects frustrants de cette maladie est qu'on ne peut jamais savoir à quelle vitesse elle va évoluer ou quels symptômes une personne va présenter. En fait, il est impossible de faire des généralisations sur l'évolution de la maladie, même en se basant sur la condition actuelle d'un patient pour prédire les futurs symptômes. Certains symptômes potentiels peuvent ne jamais se manifester, alors que d'autres qui semblaient passagers au départ peuvent ne jamais disparaître.

Bien que certains soient touchés dans l'adolescence, les symptômes apparaissent généralement pendant la trentaine ou la quarantaine. C'est une maladie qui évolue lentement, mais en l'espace de quelques décennies, elle laisse de lourdes séquelles et elle est mortelle. Les traitements peuvent diminuer les symptômes, mais il n'existe pas encore de remède connu. Les médecins n'avaient trouvé le chromosome responsable de la maladie que quelques années avant que l'on diagnostique la maladie chez ma femme. Ce n'est qu'en 1993 que le marqueur génétique exact a été découvert. Au tournant du siècle, les chercheurs ont découvert comment cette maladie détruit les cellules du cerveau. Ils ne savent pas encore comment éviter que cela ne se produise.

Même si cela constitue déjà une très mauvaise nouvelle, la situation est en fait encore pire. La chorée de Huntington est contrôlée par un gène dominant, ce qui signifie qu'il suffit qu'un seul parent l'ait pour qu'elle soit transmise aux enfants. Chaque enfant a cinquante pour cent de chance d'être atteint, mais comme nous l'avons dit plus haut, les symptômes n'apparaissent généralement que vers trente ou quarante ans. Nos trois fils sont nés avant que le diagnostic ne soit posé pour Pat.

La maladie de Huntington étant contrôlée par un gène dominant, ceux qui ont le gène développent la maladie. S'ils ne développent pas la maladie, ils ne peuvent pas être porteurs du gène. Certains tests permettent de déterminer d'avance la probabilité d'être atteint. Quand les chercheurs se sont concentrés sur le gène exact en cause, et l'ont finalement identifié, la précision de ces tests a augmenté. Pourtant, choisir de faire le test ou de demeurer dans l'incertitude concernant les risques de développer la maladie est un véritable dilemme. Il y a bien des années, au cours d'une visite, j'ai demandé au médecin de Pat ce qu'impliquait de faire le test, afin de découvrir quel pourcentage du coût serait couvert par la compagnie d'assurance. Le médecin m'a répondu que quoi que nous fassions, nous devrions éviter de le communiquer à la compagnie d'assurance. Si le test révélait qu'un de nos fils allait être atteint, obtenir une assurance maladie pour lui risquait de devenir impossible. De plus, de futurs employeurs risquaient de refuser d'engager une personne connue pour être porteuse du gène de Huntington. Pendant les années 1990, le Congrès américain a fait passer des lois pour rendre ce genre de discrimination illégale. Pourtant, chacun doit savoir que, quoi que dise la loi, il existe des façons « créatives » de la contourner. D'un autre côté, si nos fils ne faisaient pas le test, ils auraient à prendre des décisions importantes dans la vie – concernant leur carrière, leur mariage et le fait d'avoir des enfants – à l'aveugle.

Mes premières réactions, en apprenant la nouvelle de la maladie de Pat, ont été le choc, la confusion et le doute. Comment cela pouvait-il être possible ? Nous savions, avant le mariage, que la mère de Pat souffrait de troubles mentaux. Au moment de notre mariage, cela faisait cinq ans qu'elle était en hôpital psychiatrique. Nous avons demandé à plusieurs personnes quelle était la probabilité que cela arrive à Pat, persuadés pendant tout ce temps que c'était d'ordre purement psychologique. Les psychologues nous ont assuré que si Pat avait dû présenter de tels troubles, ils se seraient déjà manifestés. Comme elle avait plus de vingt ans et que rien de tel ne s'était produit, nous en avons conclu qu'il n'y avait aucune raison de s'inquiéter. Nous n'avons jamais imaginé que l'état de santé de ma belle-mère pouvait être d'ordre physiologique, ou que les troubles pouvaient être génétiquement transmissibles. Apparemment, personne d'autre dans la famille non plus n'avait soupçonné cela. Les membres de la famille immédiate ne savaient rien à ce sujet, et ceux qui auraient pu savoir n'ont rien dit. Mon beau-père avait entendu une fois le nom de la maladie, mais n'avait pas demandé plus de détails. Tous ceux qui auraient pu connaître la vérité soit ne la connaissaient pas, soit ils ont dissimulé l'information. Avant de fonder notre famille, nous avons vérifié à nouveau qu'aucune pathologie héréditaire ne pouvait être transmise à nos enfants. À nouveau, on nous a assuré qu'il n'y avait rien à craindre.

Nous avions voulu découvrir si c'était vraiment la volonté de Dieu que l'on se marie et que l'on ait des enfants. Nous avons dit à Dieu que nous étions prêts à faire tout ce qu'il voulait. S'il ne voulait pas qu'on se marie, nous lui avons demandé de nous le montrer. Une des façons de nous le montrer aurait été que nous apprenions que Pat pouvait être atteinte de la maladie de sa mère. Nous avons cherché cette information, mais nous ne l'avons pas trouvée. Et le fait que nous ne la trouvions pas, associé à d'autres facteurs que je mentionnerai plus tard, nous a amenés à croire que Dieu voulait que l'on se marie.

Donc, quand la maladie de Huntington a été diagnostiquée, nous avons eu du mal à croire que cela arrivait, mais c'était toutefois bien le cas. C'est arrivé, alors que les professionnels qui étaient censés savoir de telles choses avaient dit que cela n'arriverait pas. Les bases sur lesquelles le médecin avait fondé son diagnostic rendaient aussi cela dur à croire. Il n'avait rien fait d'autre que regarder Pat bouger et lui poser des questions sur ses antécédents familiaux.

Aucun test génétique ni aucune autre sorte de test n'avaient été effectués ce jour-là. Je me suis plaint du côté trop déductif de la chose. Des données aussi maigres ne pouvaient pas justifier une telle conclusion. Aucun philosophe n'accepterait ce genre d'argument.

Pendant plusieurs mois, j'ai été déchiré entre l'espoir que ce n'était pas vrai et la crainte que les problèmes de Pat ne puissent être d'une autre nature. Quand nous avons demandé un deuxième avis à un spécialiste qui effectuait des recherches sur la maladie et qu'il a confirmé le diagnostic, tout espoir que Pat n'était pas atteinte par la maladie de Huntington s'est effondré.

2

La vie peut sembler bien sombre

À la suite du premier diagnostic de la maladie de ma femme, j'ai été en proie à une multitude d'émotions et de réactions. Encore aujourd'hui, je lutte encore parfois avec certains de ces sentiments. Je crois que les autres personnes qui vivent une tragédie réagissent de façon semblable. Si nous voulons apporter de l'aide à ceux qui souffrent, nous devons comprendre ce qu'ils ressentent.

Le déni

Dans le premier chapitre, j'ai fait allusion à l'une de mes premières réactions : le déni. Quand Pat m'a annoncé le diagnostic pour la première fois, je lui ai demandé sur quoi le médecin avait basé son évaluation. Pat a répondu qu'il l'avait regardée bouger et lui avait posé des questions sur ses antécédents familiaux. Je lui ai demandé s'il avait fait des tests ou s'il pensait qu'il fallait en faire. Aucun test n'avait été fait, et aucun n'était prévu. J'ai pensé qu'il était complètement absurde de formuler un diagnostic aussi horrible sur la base de preuves aussi ténues. Il est vrai qu'à l'époque, je ne savais que ce que Pat m'avait dit à propos de la maladie de Huntington. La plupart des maladies auxquelles je pouvais penser devaient être confirmées par un test ou une série de tests ; je pensais donc qu'il devait en être de même pour cette maladie. Étant donné que la maladie de Huntington est causée par un gène défectueux, je ne pouvais pas croire qu'on puisse être certain que Pat en était atteinte sans avoir pratiqué de test génétique. À ce jour, elle n'a toujours pas passé un tel test. Donc naturellement, au début, j'ai pensé qu'il était impossible de croire à ce diagnostic vu qu'il était fondé sur si peu de preuves. J'ai pensé que c'était une bonne chose que je sois un philosophe, parce que de ce fait, je pouvais repérer les raisonnements erronés, et celui-ci représentait, selon moi, un exemple flagrant de déduction non justifiée par les preuves.

D'un autre côté, ni la logique, ni la philosophie, ni aucune autre sorte de raisonnement ne pouvait *prouver* que le médecin avait tort. J'avais donc deux réactions simultanées : croire que le médecin ne savait pas de quoi il parlait tout en craignant qu'il ait probablement raison de toute façon. Dans les jours et semaines qui ont suivi ce premier diagnostic, j'ai fait tout ce qui était possible pour réfuter cette « théorie » sur ce qui arrivait à Pat. Chaque fois que quelqu'un mentionnait une maladie, je m'enquérais des symptômes pour voir s'ils ressemblaient, ne serait-ce que vaguement, à ce que Pat vivait, je m'imaginais que cette autre maladie était en fait son vrai problème. Or, lorsque je demandais à un médecin si elle pouvait être atteinte de telle ou telle autre maladie, il parvenait toujours à expliquer pourquoi cela ne pouvait pas être le cas. Tandis que nous cherchions l'avis d'autres docteurs, et qu'ils réfutaient théorie après théorie, je suis devenu de plus en plus découragé.

Alors que nous nous rapprochions d'une confirmation définitive du premier diagnostic, je gardais toujours l'espoir qu'il n'en soit pas ainsi, mais je commençais à me faire à l'idée de ce que cela

signifierait si les médecins avaient raison. Je peux affirmer catégoriquement qu'un tel état émotionnel n'est pas drôle du tout. Vous
êtes tirés dans une direction par le déni tenace qui vous fait dire
que ce n'est pas réellement ce qui est en train d'arriver, et en même
temps, vous êtes entraînés dans une autre direction par la prise de
conscience de toutes les terribles implications dans le cas où les
médecins auraient raison. Déchiré entre la résistance et le désespoir,
j'avais l'impression de sortir d'un match de boxe avec le champion
du monde de la catégorie poids lourd qui, round après round, aurait
sans relâche roué de coups ma tête et mon corps.

Le déni n'est pas inhabituel devant l'annonce d'une tragédie.
Dans mon cas, il a duré plusieurs mois, mais il a connu une fin
écrasante lorsque nous avons rencontré un médecin qui faisait des
recherches sur la maladie de Huntington. J'avais récupéré le dossier
médical de la mère de Pat à l'hôpital de New York où elle avait
passé les dix dernières années de sa vie. Je l'ai amené à ce spécialiste.
Il l'a consulté, a observé les symptômes de Pat et a confirmé qu'elle
souffrait bien de la chorée de Huntington. Quand j'ai émis l'une
de mes théories alternatives, il a ouvert le dossier médical à une
certaine page, a désigné plusieurs annotations et a affirmé catégoriquement : « C'est la chorée de Huntington. » Il a aussi prescrit
un scanneur cérébral pour confirmer le diagnostic. Le scanneur
révélait peu de détérioration, mais le fait qu'il y en avait était une
preuve suffisante. À ce point, toutefois, j'avais déjà abandonné le
combat : il n'y avait tout simplement aucune raison valable de nier
ce qui nous était devenu cruellement clair.

Le désespoir et l'impuissance

Pendant que je m'accrochais à l'espoir que les médecins avaient tort,
tout en craignant le pire, et après la confirmation du diagnostic,

mes réactions prédominantes ont été le désespoir et l'impuissance. Nous avions rencontré des problèmes auparavant, mais généralement, il y avait eu une issue. En fait, je réussissais généralement à trouver quelque chose à faire pour y remédier. Mais pas cette fois. La chorée de Huntington n'a pas de remède connu.

La situation semblait complètement désespérée. J'allais devoir regarder ma femme, que j'aimais tendrement, se détériorer lentement et mourir. Au fil de la progression de la maladie, elle risquait de ne même plus me reconnaître. Pire encore, peut-être allait-elle me reconnaître, mais se retourner contre moi en imaginant que je m'étais retourné contre elle. Après tout, ma belle-mère s'était méprise sur les raisons qui avaient poussé mon beau-père à la placer en hôpital psychiatrique pendant les dernières années de sa vie. Avec cette maladie, les peurs et les sentiments irrationnels sont la règle et non l'exception. La Pat que j'avais connue allait finir par disparaître, et ce ne serait pas fini pour autant. Il pourrait arriver la même chose à chacun de nos fils. Je me souviens avoir pensé que cette épée de Damoclès allait menacer notre famille tous les jours pour le reste de nos vies. Il n'existait aucun moyen moralement acceptable d'échapper à cette situation. Dieu, la seule personne en mesure d'agir, ne semblait pas à ce moment-là disposé à nous aider. En outre, il semblait nous avoir conduits dans cette situation plutôt que de nous en avoir protégés. Alors que je déplorais le côté désespéré de notre situation, je constatais combien la vie pouvait sembler sombre.

Au-delà du désespoir, je me trouvais incapable de faire quoi que ce soit. Je souffrais moi-même de problèmes de santé que le stress généré par cette nouvelle ne faisait qu'aggraver. Il a fallu peu de temps pour que j'en vienne à être à peine capable de faire mon travail. Je n'étais pas d'une grande aide pour ma famille non plus. Je voulais au moins réconforter Pat et l'aider à digérer cette nouvelle bouleversante, mais elle a toujours géré cette situation bien mieux que moi. Peut-être se débattait-elle avec ce qui se passait, mais elle n'en disait rien. Elle voyait combien cette nouvelle m'accablait et pensait probablement que si elle se plaignait de ce qui se passait, je ne m'en sentirais que plus mal. Elle en parlait donc peu et continuait toujours de s'occuper de la famille. Elle ne semblait avoir besoin ni de mon réconfort, ni de celui de quiconque. Quand quelqu'un lui demandait comment elle allait, elle ne se plaignait jamais. Elle demandait plutôt qu'on prie pour moi et pour les enfants. Je me sentais enfermé en dehors de sa vie et incapable d'aider le moindrement dans ce moment le plus critique que notre famille ait connu. Toute valeur thérapeutique qu'aurait pu m'apporter le fait de la réconforter était perdue.

Les réactions de nos enfants n'étaient guère différentes. Avant même qu'on leur annonce ce qui se passait, ils savaient que quelque chose n'allait pas. J'avais dit à Pat qu'il ne fallait pas les perturber avec cette nouvelle avant d'être sûrs que le diagnostic était juste. Une fois le diagnostic confirmé, nous nous sommes assis avec eux et nous leur avons annoncé la nouvelle. Au cours de cette conversation, je leur ai dit que d'autres personnes allaient probablement dire des choses incorrectes au sujet de cette maladie, et qu'ils devaient parler de cela avec nous plutôt que d'écouter les autres. S'ils avaient des questions auxquelles nous ne pouvions répondre, nous chercherions les réponses pour eux. Chacun a compris en partie ce qui se passait, mais ils ont tous compris que leur mère était très malade. Pendant leur enfance, ils hésitaient à parler de la maladie. Nous leur demandions comment ils allaient, et ils répondaient qu'ils allaient bien et qu'ils ne pensaient pas vraiment à cette maladie. Là encore, je ne pouvais pas les réconforter, puisqu'ils ne semblaient pas s'inquiéter de ce qui pouvait leur arriver. Ce n'est qu'en devenant adulte qu'ils m'ont fait part de leurs vrais sentiments. Ils sont très attristés par ce qui arrive à leur mère, et le risque de contracter la maladie les empêche de songer à l'avenir sans crainte, chagrin ou incertitude, mais quand nous leur avions annoncé la nouvelle pour la première fois, et pendant bien longtemps encore après cela, ils ne semblaient pas avoir besoin de réconfort ou d'encouragement au sujet de leur situation.

Même si vos problèmes et vos épreuves sont sans doute différents des miens, je suppose que si vous avez vécu une tragédie, vous avez également ressenti le désespoir et l'impuissance. Un sentiment d'abandon accompagne aussi ces sentiments. Dans de tels moments, vous avez l'impression qu'il n'y a aucune réponse et aucune aide. Bien sûr, les amis et la famille sont là, mais que peuvent-ils faire ? Ils ne peuvent pas faire de miracles. Dans notre cas, même les médecins ne pouvaient soigner cette maladie, alors qu'auraient bien pu faire les autres ?

L'abandon

Un autre élément accentue le sentiment d'abandon. Les gens sont toujours très préoccupés quand on leur fait part d'une telle nouvelle, mais pour diverses raisons, ils ont tendance à rester à l'écart. Certains craignent peut-être de dire quelque chose d'inapproprié et d'aggraver ainsi les choses. Ils restent à l'écart plutôt que de risquer de se mettre les pieds dans les plats. D'autres pensent peut-être qu'à moins d'avoir quelque chose de « brillant » à dire qui puisse ôter toute la douleur et la peine, il vaut mieux éviter celui qui souffre. Comme ils croient qu'ils n'ont rien de particulier à dire, ils ne communiquent plus du tout avec l'affligé. D'autres redoutent peut-être qu'en rendant visite à la personne qui souffre, elle fonde en larmes à cause de ce qui lui arrive. Ne sachant pas comment réagir si c'était le cas, l'ami choisit de garder ses distances.

Toutefois, rester à distance ne fait que confirmer les pires craintes de celui qui souffre. Le sentiment d'abandon est déjà présent ; l'affligé a l'impression qu'on lui a donné un énorme fardeau à porter pour le restant de ses jours et que personne ne pourra l'aider. En gardant leurs distances, la famille et les amis communiquent que cela sera sans doute le cas. Au fil du temps, le choc causé par l'affreuse nouvelle s'atténue et les gens semblent oublier ce qui est en train de se passer. Ils demandent de moins en moins comment la famille se porte.

Or, la peur la plus profonde n'est pas seulement que la famille et les amis vous aient abandonné, mais que Dieu ne soit plus présent. Peu importe à quel point vous avez ressenti sa présence auparavant, dans ces moments-là, il paraît absent. Et quand vous savez que Dieu est le seul qui puisse faire quelque chose pour votre problème, il est particulièrement douloureux de sentir son absence. Vous ne pouvez vous empêcher de ressentir que vous êtes devant une situation totalement désespérée, et que vous y faites face tout seul.

Colère et confusion

Ce sentiment d'abandon est aussi accompagné par la colère. Elle n'est peut-être pas très rationnelle, mais elle est bien réelle. J'étais en colère que cela nous arrive. Je ne m'étais jamais attendu à être épargné par les soucis simplement parce que j'étais chrétien, mais je n'avais jamais pensé que quelque chose de semblable puisse arriver. Nous apprenions d'un seul coup que toute ma famille – y compris les éventuelles générations futures – se trouvait menacée d'un tragique destin. Ce genre de catastrophe n'était pas censé arriver.

J'étais en colère contre les membres de la famille qui étaient au courant et ne nous avaient rien dit. J'étais en colère contre les médecins qui le savaient et ne l'avaient jamais expliqué à la famille. Et j'étais en colère contre les membres de la famille qui ne le savaient pas alors qu'ils auraient pu demander une explication aux médecins.

En toute honnêteté, si j'avais su qu'il était possible que Pat soit atteinte de la maladie de Huntington, je ne l'aurais probablement pas épousée. Pat a dit que si elle avait été au courant de ce risque, elle ne se serait probablement jamais mariée. Si nous avions découvert sa pathologie avant de fonder une famille, nous n'aurions pas fait d'enfants. N'importe quel éthicien dirait qu'il est moralement critiquable de soumettre quelqu'un à ce destin si vous saviez que cela pouvait se produire ! En bref, ce seul diagnostic condamnait ma femme et mes enfants à une vie d'anxiété et d'incertitude, et potentiellement à une mort lente et douloureuse. Si quelqu'un nous avait dit la vérité avant que nous nous mariions, nous aurions pu éviter de mettre en danger d'autres vies, et nous aurions pu mener une vie bien plus normale.

Même si je ne voulais pas l'admettre, j'étais aussi en colère contre Dieu. Je savais que cette colère contre Dieu était stupide, parce que Dieu n'avait pas causé tout cela. Rien dans les Écritures (ou ailleurs) n'oblige Dieu à empêcher que de telles choses n'arrivent. Et au-delà de cela, il était stupide de se mettre en colère contre la seule personne qui pouvait faire quoi que ce soit dans cette triste situation. De toute façon, qui étais-je, moi, la créature, pour contester avec le Créateur ? Comme le dit l'apôtre Paul (Ro 9.19-21), la créature n'a aucun droit de traîner le Créateur devant le tribunal des jugements moraux humains et de lui intenter un procès comme s'il avait commis quelque chose de mal. Dieu a tout pouvoir et toute autorité sur moi. Il est ridicule d'être fâché contre celui qui possède un contrôle total sur chacun de mes mouvements.

Pourtant, il est dans la nature humaine de se mettre en colère et de s'attendre à quelque chose de différent venant de Dieu. On se demande pourquoi on doit vivre cette tragédie alors que les autres en sont épargnés. Non pas que je souhaite cette maladie à qui que ce soit ; la question est plutôt de savoir pourquoi nous n'y échappons pas comme les autres. Il semblait simplement injuste que nous ayons à porter ce fardeau.

Dans mon cas, la plainte ne concernait pas seulement le fait que Dieu ait permis que cela nous arrive. J'avais l'impression que Dieu m'avait en quelque sorte induit en erreur, voire trompé. Quand nous nous sommes rencontrés, Pat et moi étions certains qu'il était hors de question que l'on se marie. Je me préparais à un ministère d'enseignement aux États-Unis, et elle s'orientait vers la mission en Afrique. Pat a obtenu son diplôme du Nyack College et a postulé à un certain nombre d'organisations missionnaires pour suivre son appel. Aucune porte ne s'est ouverte. Elle a donc décidé de s'inscrire à l'Université de Wheaton pour faire une maîtrise en éducation chrétienne. Ajouter un diplôme à son curriculum rendrait sans doute son profil plus intéressant pour les organisations missionnaires, et elle pourrait certainement utiliser sa formation sur le terrain. Nous avons continué à nous fréquenter et le lien qui nous unissait se renforçait, mais je craignais qu'en continuant ainsi, nous ne courions à la déception parce que Dieu nous conduisait vers deux chemins différents.

Avant de rencontrer Pat, j'avais été fiancé. Dans ce cas précis, j'avais clairement devancé le Seigneur. Par la grâce de Dieu, j'avais fini par m'en rendre compte, et j'avais mis fin aux fiançailles. Cette expérience m'avait montré à quel point je devais être prudent dans le choix d'une compagne. J'avais donc décidé avant tout de rechercher et de suivre la direction de Dieu. Il était vain de mettre Dieu à l'épreuve en poursuivant une relation qui semblait ne pas être conforme à sa volonté.

J'ai eu l'impression de savoir ce que Pat et moi devions faire. Je lui ai rendu visite un soir avec l'intention de mettre fin à notre relation. J'étais certain que Dieu ne voulait pas que nous nous opposions à sa volonté de nous envoyer dans des directions différentes. J'ai partagé cela avec Pat et elle était d'accord, même si ni l'un ni l'autre souhaitaient mettre fin à la relation. À un moment, j'ai proposé à Pat de lui dire ce qui m'avait conduit à croire que Dieu m'appelait au ministère d'enseignement et elle devait aussi me dire ce qui lui avait fait croire que Dieu souhaitait qu'elle se rende en Afrique. Il était clair, alors que nous échangions, qu'elle était vraiment appelée à un ministère à temps plein, mais je n'entendais rien qui indique un appel clair à la mission outremer. Nous avons décidé de prier à ce sujet, chacun de notre côté, et de demander au Seigneur de mettre fin à notre relation (aussi douloureux que cela puisse être) s'il ne souhaitait pas que nous restions ensemble. Nous avons décidé de prier pendant un mois et de prendre une décision ensuite. Nous avons continué à nous voir entre-temps, mais nous étions simplement d'accord pour ne pas parler de notre relation avant la fin du mois.

Au lieu de briser notre relation, le Seigneur nous a fait clairement comprendre, de diverses manières, qu'il voulait que nous nous mariions. Je suis certain que plusieurs ont entendu des témoignages de femmes ayant reçu un appel pour la mission, mais qui sont tombées amoureuses, se sont mariées et ne sont jamais parties en mission. Au fil du temps, leur mariage a tourné au vinaigre et dans certains cas, s'est terminé par un divorce. Puis, la femme prend conscience que Dieu l'avait incontestablement appelée à la mission, qu'elle était passée à côté de ce que Dieu avait de meilleur pour sa vie et qu'il ne lui restait maintenant plus rien.

Il est vrai que ces témoignages sont fréquents, mais Pat a parlé avec des personnes dont les histoires s'étaient terminées d'une manière complètement différente. Elle a entendu parler de femmes qui croyaient que Dieu les appelait à la mission. Cependant, avant de partir en mission, elles avaient rencontré quelqu'un et étaient tombées amoureuses. Au lieu de se marier, elles avaient quitté leur pays pour servir Dieu dans la mission, croyant que c'était là la volonté de Dieu. Toutefois, Dieu ne les avait pas vraiment appelées à la mission et leur expérience de la mission a été un désastre. Elles ont dû abandonner rapidement et retourner dans leur pays. Toutefois, leur mari potentiel avait entre-temps épousé quelqu'un d'autre. Dieu voulait en fait que ces femmes se marient plutôt que de partir en mission, mais elles avaient mal interprété les directives de Dieu pour leurs vies. À présent, il ne leur restait plus rien – ni ministère, ni mari.

Pat a donc pris conscience que lorsqu'on a le choix entre la mission et le mariage, la volonté de Dieu n'est pas toujours que l'on choisisse la mission. De plus, en réfléchissant tous les deux à ce qui se passait, nous en sommes venus à la conclusion qu'il était normal que Pat ait pensé que Dieu l'appelait en Afrique. Elle avait été très active dans son Église et dans son groupe de jeunes. Le pasteur qui s'occupait des jeunes avait été missionnaire en Afrique et il parlait sans cesse du manque de missionnaires là-bas. Dans une telle situation, il était tout à fait naturel qu'une adolescente conclue qu'elle devait devenir missionnaire en Afrique. En effet, Dieu utilise souvent les circonstances de notre vie pour nous appeler à telle ou telle vocation. Toutefois, étant donné qu'aucune opportunité ne s'était présentée lorsque Pat avait ressenti l'appel précis de Dieu pour l'Afrique, il semblait que les circonstances pouvaient l'induire en erreur.

Au cours de tout ce processus d'échange avec d'autres chrétiens et de réflexion sur la façon dont Dieu conduisait sa vie (Pat avait même pu parler de cela avec son ancien pasteur jeunesse parce que lui et sa famille habitaient à l'époque à Wheaton), Pat est parvenue à la conviction que Dieu voulait que l'on se marie. Et j'en étais convaincu également. En grandissant, je m'étais souvent demandé si l'on pouvait être certain que la personne que l'on prévoyait d'épouser était la bonne. J'en avais conclu que, le jour du mariage au moins, on pouvait être assez sûr qu'on était en train d'épouser la bonne personne, mais pas absolument certain. Cela ne pouvait venir qu'après avoir été marié pour un certain temps et en voyant qu'on avait fait le bon choix. Toutefois, à cause de la manière dont Dieu nous avait si clairement conduits, je savais, sans l'ombre d'un doute, que Dieu voulait que j'épouse Pat. D'ailleurs, la vie conjugale a confirmé cela.

Je ne sais pas si la plupart des gens sont certains, le jour de leur mariage, que Dieu veut qu'ils se marient, même si c'est le cas. Pour ma part, j'en étais absolument certain, et je pense que Dieu m'a en partie donné cette assurance parce qu'il savait que nous aurions à faire face à la maladie de Huntington. Nous allions finir par recevoir le diagnostic de la maladie de Huntington de toute façon, avec ou sans la conviction que la volonté de Dieu était qu'on se marie. Si je n'avais pas été certain que Dieu voulait que j'épouse Pat, j'aurais pu supposer que cette maladie était la façon de Dieu de me dire que j'avais eu tort de penser qu'il voulait que je l'épouse. Qui sait, peut-être que Pat et moi aurions considéré la maladie comme une punition divine pour avoir empêché Pat de partir en mission ? Dieu nous a gardé de telles pensées en nous montrant clairement, avant le mariage, qu'il voulait assurément qu'on se marie. De devoir affronter cette maladie n'est en aucune manière une raison de remettre en cause le fait que Dieu voulait qu'on se marie.

Toutefois, vu que j'étais si persuadé du genre de ministère auquel Dieu m'avait appelé et du fait que Dieu voulait qu'on se marie, vous comprendrez peut-être mieux pourquoi j'ai eu l'impression d'avoir été trompé. Le Seigneur connaissait les exigences du ministère auquel il m'avait appelé. Il savait aussi que j'aurais besoin d'une épouse pour m'aider, et que si je voulais me consacrer pleinement à la tâche qu'il m'avait confiée, il fallait que ma femme soit au minimum en relativement bonne santé. Mon père avait un ministère très fructueux, du même type que celui que j'envisageais. Ma mère avait souffert de plusieurs soucis de santé, et j'avais constaté quelle contrainte cela avait représentée pour mon père. Pourtant, ma mère n'avait jamais été atteinte au point de ne plus pouvoir s'occuper de la maison de façon constante. J'en avais déduit que Dieu savait tout cela et qu'il me donnerait donc une épouse qui est au moins en relative bonne santé. Bien entendu, je partais du principe que le Seigneur voulait me donner un certain type de ministère. Je ne voyais pas comment j'aurais pu continuer dans un quelconque ministère, et encore moins dans celui d'enseignant et de pasteur, avec une femme souffrant de la maladie de Pat. Il ne m'était pas venu à l'esprit, à l'époque, que le plan de Dieu pour mon ministère pouvait être légèrement différent de ce que j'avais envisagé. Ce que je m'imaginais du futur semblait logique. Dieu, qui est suprêmement rationnel, devait certainement le savoir et avoir des plans pour que cet avenir se réalise dans nos vies. Le diagnostic de la maladie de Pat n'avait donc aucun sens à mes yeux et il n'aurait pas dû avoir de sens aux yeux de Dieu non plus. Pourtant, toutes ces choses terribles étaient en train de se produire, et j'étais en colère que rien de tout cela n'ait de sens. Avais-je mal interprété la volonté de Dieu concernant mon mariage et mon ministère ? Pourtant, Dieu avait béni mon ministère pendant quinze ans avant que nous ne recevions le diagnostic de la maladie. Pat s'était avérée la femme parfaite pour moi et nous avions trois fils merveilleux ! Auraient-ils dû ne jamais naître ? Comment pouvait-il en être ainsi ?

Vous pouvez voir que je n'étais pas seulement en colère, mais aussi très perplexe. Et cette confusion ne provenait pas uniquement de ce que j'ai déjà mentionné. Étant donné que la mère de Pat avait passé cinq ans à l'hôpital psychiatrique au moment où Pat et moi sommes rencontrés, il nous a semblé sage, quand nous avons commencé à envisager sérieusement le mariage, de consulter certains professionnels pour voir si Pat risquait d'être atteinte de ce dont sa mère souffrait. Nous avons demandé à plusieurs psychiatres si la personnalité de Pat risquait de devenir semblable à celle de sa mère. Ils nous ont assuré que si Pat devait présenter des troubles mentaux, ils seraient déjà apparus. Dans la mesure où Pat ne présentait aucun signe de quoi que ce soit d'anormal, on nous a assurés qu'il n'y avait rien à craindre. Nous avons donc mis nos inquiétudes de côté et poursuivi la préparation du mariage. Mais en 1987, après quinze ans de mariage, j'ai appris la terrible nouvelle, et je me suis senti trahi. J'avais été conduit sur un chemin, seulement pour apprendre que je n'allais pas recevoir ce que je pensais !

Je me souviens d'avoir pensé à maintes reprises, à l'époque, que tout cela n'avait aucun sens. Dieu est l'être rationnel par excellence, et pourtant, il réalisait apparemment une contradiction dans ma vie. L'information concernant la maladie de mon épouse semblait contredire la façon dont Dieu avait conduit ma vie pendant quinze ans. Je ne savais pas quoi faire et je ne savais même pas quoi penser. À un moment, j'ai pensé à Abraham. Dieu lui avait donné Isaac, le fils de la promesse, pour lui dire finalement de sacrifier Isaac sur le mont Morija. Cela devait paraître aussi insensé à Abraham que l'était ma situation à mes yeux. Malgré tout, Abraham avait cru. Il avait même cru que s'il sacrifiait Isaac, Dieu le ressusciterait des morts (Hé 11.19).

Quelle foi incroyable ! Il faudrait que je sois plus comme Abraham. Sa situation aurait certainement dû me réconforter et m'encourager. Mais cela n'a pas été le cas. Je me suis rappelé bien vite qu'il était normal qu'Abraham ait confiance puisque Dieu avait donné des promesses très précises concernant son fils (Ge 12.1-3 ; 15.4-6 ; 17.15-19). Dieu ne m'avait fait aucune promesse de la sorte au sujet de ma femme et de mes enfants. Il nous avait clairement montré que nous devions nous marier, et avait même fait en sorte que toute information qui aurait pu nous garder de nous marier et d'avoir des enfants demeure secrète. Toutefois, il n'avait jamais promis qu'aucune maladie catastrophique n'aurait lieu. Aucune promesse n'avait été donnée au sujet de notre longévité ou de notre état de santé. Dieu pouvait certainement accomplir un miracle (comme Abraham l'espérait dans le cas d'Isaac) et guérir Pat, mais rien ne garantissait qu'il le fasse. Aussi instructif que soit l'exemple d'Abraham et d'Isaac, je n'avais aucun droit d'y trouver du réconfort.

J'étais aussi dans la confusion pour une autre raison. J'avais grandi entouré de personnes qui avaient beaucoup souffert. Comme je l'ai dit, ma mère avait enchaîné les problèmes de santé. Je suis certain que c'est en partie à cause de ses expériences que je m'étais intéressé très tôt au problème de la peine et de la souffrance. En grandissant, j'avais pensé à de nombreuses reprises à ce problème. Au séminaire, j'avais écrit ma thèse de maîtrise en divinité sur Job. Plus tard, ma dissertation de maîtrise en théologie avait été consacrée à la souveraineté de Dieu sur toutes choses et à son rapport avec la liberté humaine. Enfin, pour ma thèse de doctorat, je m'étais penché sur le problème du mal avec une approche philosophique. Si quelqu'un avait réfléchi à ce problème et était préparé à faire face à une véritable affliction, c'était bien moi. Pourtant, quand les événements dont j'ai parlé se sont produits, j'ai trouvé bien peu de réconfort dans toute cette intense réflexion intellectuelle.

La vérité est que je ne parvenais pas à trouver un sens à ce qui se passait. Je possédais toutes ces réponses intellectuelles, mais aucune ne changeait quoi que ce soit à mon ressenti personnel. En tant que professeur de théologie, j'aurais certainement dû comprendre ce que Dieu faisait dans cette situation. Bien au contraire, je commençais à me demander si en fait, j'avais la moindre compréhension de Dieu. La souffrance émotionnelle et physique était incessante, et les conséquences physiques du stress et de la souffrance mentale étaient dévastatrices.

Le problème spirituel du mal

Pourquoi est-ce que toutes mes années d'étude, de réflexion et d'écriture sur le problème du mal ne m'aidaient pas en ces temps de crise personnelle ? Je vivais une crise dans ma foi, et aucune de ces informations que j'avais emmagasinées ne semblait avoir la moindre importance. En réfléchissant à cela, j'ai pris conscience de quelque chose de très important. Toutes mes recherches et toutes les réponses intellectuelles n'étaient pas d'une grande aide parce que le problème spirituel du mal (celui de nos luttes personnelles avec la douleur et la souffrance, et la manière dont elles affectent notre relation avec Dieu) n'est pas premièrement un problème intellectuel. Il s'agit plutôt d'un problème fondamentalement émotionnel ! Les personnes en proie au mal n'ont pas besoin d'un discours intellectuel qui justifie les voies de Dieu envers sa création. De telles réponses concernent des problèmes théologiques et philosophiques plus abstraits relatifs à la question « Si Dieu existe, pourquoi le mal existe-t-il, ou pourquoi le mal est-il si présent dans notre monde ? » Mon problème était plutôt de savoir comment je pouvais trouver du réconfort au sein de l'affliction et comment je pouvais parvenir à vivre avec ce Dieu qui ne mettait pas fin à la souffrance.

Cela ne veut pas dire qu'aucune vérité spirituelle ou réponse intellectuelle ne peut aider celui qui souffre. Cela signifie seulement que plusieurs de ces réponses ne seront d'aucune aide dans ce cas précis, et que celles qui aideront ne le feront pas à toutes les étapes de l'expérience de celui qui souffre. Il faut les utiliser dans les moments où la souffrance émotionnelle est suffisamment apaisée pour qu'elles puissent faire une différence.

À ce stade-ci, j'ai compris, par l'expérience, que le problème spirituel du mal nécessite un suivi pastoral plutôt qu'une discussion philosophique. Je peux illustrer ce point par un simple exemple.

Imaginez une petite fille qui sort jouer dans un terrain de jeu. Alors qu'elle est en train de jouer, elle tombe et s'écorche le genou. Criant de douleur, elle court vers sa mère pour être consolée. La mère a alors plusieurs choix. Elle peut dire à sa fille que cela est arrivé parce qu'elle courait trop vite sans regarder où elle allait et qu'elle devrait faire plus attention la prochaine fois. La mère pourrait même lui expliquer les lois de la physique et de la causalité (si elle les connaît) qui font que son égratignure au genou a exactement cette taille et cette forme. La mère peut même lui exposer, pendant quelques instants, les leçons que Dieu tente de lui enseigner à travers cette expérience.

Si la mère demande alors à sa fille si elle comprend, ne soyez pas étonnés si la petite fille répond : « Oui, maman, mais ça fait toujours mal ! » Toutes les explications données à ce moment-là ne mettent pas fin à sa douleur. L'enfant ne veut pas d'un discours ; ce qu'elle veut et ce dont elle a besoin, c'est que sa mère la prenne dans ses bras et l'embrasse. Il y aura bien le temps pour un discours plus tard. Sur le moment, elle a besoin de réconfort !

Cela est également vrai pour chacun d'entre nous quand nous luttons avec le problème spirituel du mal. Quand le malheur nous touche au départ, nous ne voulons pas et nous n'avons pas besoin d'un long discours faisant appel à notre pensée parce qu'il ne s'agit pas premièrement d'une question intellectuelle. Même si vous avez quelque chose de très profond à dire sur la situation et que vous le dites, ne soyez pas surpris si nous sommes trop blessés et confus pour le digérer. Nous avons besoin de quelqu'un qui nous laisse épancher notre cœur, et non de quelqu'un qui nous donne une leçon, aussi brillante et instructive soit-elle. Et nous avons besoin de quelque chose pour nous soulager de la souffrance. Or, une grande partie de cette douleur réside dans l'ignorance de ce que ces événements veulent dire à propos des sentiments que Dieu a envers nous. Ou de ce que nous devrions ressentir à son égard.

3

Courir à la catastrophe ou comment ne pas aider les affligés

Si le problème spirituel du mal (le problème des luttes person-nelles avec la douleur et la souffrance) ne consiste pas prin-cipalement à justifier les voies de Dieu envers l'homme, mais à vivre avec le Dieu qui ne met pas fin à la souffrance, comment pouvons-nous aider les autres dans ces moments difficiles ? Je ne peux que répondre en fonction de ce qui ne m'a pas été utile et de ce qui, au contraire, a fait une grande différence.

Les gens essaient systématiquement de dire ou faire quelque chose qui aidera. C'est parfois le cas, mais souvent, les gens peuvent être complètement insensibles, et cela ne fait que plonger encore plus celui qui souffre dans le désespoir. Personne ne le fait par exprès ; personne n'essaie d'alourdir le fardeau. La plupart des gens veulent juste aider. Toutefois, malgré leurs bonnes intentions, ceux qui s'improvisent consolateurs se retrouvent souvent à faire plus de mal que de bien.

Il y a quelques années, une membre de ma famille était en vacances. Pendant qu'elle était partie, elle a appris que sa maison avait été détruite par le feu et que son fils, incapable de s'échapper, s'était retrouvé pris au piège et était décédé. Son pasteur a essayé de l'aider, mais il a commis d'importantes erreurs dans la gestion de la situation. Déjà, il a fait peu d'efforts pour la voir et lui permettre de parler de ses sentiments. Le peu de fois où il a dit quelque chose, il a exprimé sa préoccupation concernant le fait qu'elle avait perdu sa maison et ses possessions. Vous pouvez vous imaginer à quel point elle a été blessée par cela. La perte d'une maison et de ce que l'on possède n'est pas négligeable, mais la plupart de ces objets peuvent être remplacés d'une manière ou d'une autre. La perte d'un être cher est la plus grande perte que l'on puisse subir. En effet, comment pourrait-on remplacer un fils ? Ce pasteur est passé complètement à côté de la peine qu'elle éprouvait. À cause de son manque de considération, il a manqué l'occasion de l'aider dans ce temps de crise et a davantage fait obstacle au processus de guérison qu'il ne l'a favorisé.

Voici quelques exemples d'affirmations inconvenantes.

« *Tu as dû commettre un péché* »

Certaines personnes peuvent dire : « Tu as dû commettre un grand péché ; cela ne t'arriverait pas sinon. » Je suis vraiment reconnaissant que personne ne m'a dit cela ou ne l'a dit à ma famille. Il s'agit pourtant d'une réplique fréquente chez certaines personnes quand elles entendent parler d'une grande affliction. C'était la réaction de plusieurs des soi-disant consolateurs de Job. Ils ne savaient pas vraiment pourquoi Job souffrait, mais ils étaient convaincus que cela ne paraissait pas bien pour Dieu qu'un homme juste souffre. Ils en ont donc déduit que Dieu ne laisserait cela arriver qu'à un coupable.

S'il est vrai que Dieu punit le péché et que les méchants subiront le jugement, les Écritures disent clairement que, parfois, les méchants prospèrent (Ps 73) alors que les justes souffrent (Job 1.8 ; 2.3 ; 1 Pi 4.12-19). La vérité est que dans la majorité des cas, nous ne savons pas vraiment si la personne qui souffre est rachetée ou si sa souffrance est la conséquence d'un péché. Des personnes morales en apparence peuvent être de grands pécheurs, et même ceux qui semblent justes peuvent être coupables d'un péché caché. L'histoire de l'homme riche et de Lazare (Lu 16) nous rappelle clairement que les apparences ne constituent pas une bonne base pour juger de la spiritualité d'une personne. Si la souffrance d'une personne est vraiment le châtiment d'un péché, elle en sera probablement consciente sans que l'on ait besoin de dire un mot. Si la personne n'en est pas consciente, il vaut sans doute mieux lui demander ce qu'elle pense que Dieu essaie de lui dire à travers cette affliction plutôt que de suggérer qu'elle a dû commettre un péché. Si quelqu'un souffre pour la justice, comme Job, cela ne va certainement pas l'aider si ceux qui ne souffrent pas adoptent une attitude de supériorité morale et l'accusent de péché.

« Cela t'a probablement épargné des problèmes bien pires »

Parfois, quand on perd un être cher, les gens essaient de nous réconforter en nous persuadant que c'est mieux ainsi parce que cela nous épargne d'autres problèmes. Je vous partage l'expérience de l'un de mes étudiants. Il était dans ma classe durant le trimestre où sa femme et lui ont eu leur premier enfant. Au milieu du trimestre environ, le bébé est mort subitement. Après les funérailles, vers la fin de notre session de cours, cet étudiant a partagé avec le reste de la classe certaines choses qu'il avait apprises. Une partie de ce qu'il nous a dit était centrée sur ce qu'il ne faut pas dire à quelqu'un qui vit un tel deuil. Il nous a raconté que certaines personnes lui avaient dit : « Vous savez, c'est peut-être mieux que votre fils soit mort. Il vous aurait probablement causé des problèmes en grandissant. Il aurait peut-être été un drogué ou aurait refusé de suivre Christ. Dieu sait cela d'avance et il est sans doute en train de vous éviter ces problèmes. »

J'espère que personne ne considère cela comme une parole appropriée. Il est vrai que l'enfant *aurait pu* causer des problèmes, mais il est difficile de voir en quoi cette information est réconfortante lors du deuil. Les parents et les autres membres de la famille aiment cet enfant, et ils l'aiment indépendamment du fait qu'il ait causé ou aurait pu causer des problèmes. La perte est extrêmement douloureuse et cette douleur n'est pas soulagée, encore moins éliminée, par des spéculations indélicates concernant l'avenir. De plus, la remarque est fausse, parce qu'en fait, elle affirme qu'il est bon que le mal se soit produit. Je ne vois en aucune manière comment cette attitude pourrait être convenable pour un chrétien. Certes, Jacques dit que nous devons regarder comme un sujet de joie complète les diverses épreuves auxquelles nous pouvons être exposés (Ja 1.1,2), mais il ne faut pas mal interpréter ce passage. L'épreuve n'est pas la joie ; elle est mauvaise. Ce qui cause la joie, c'est que malgré le mal, Dieu est avec nous, il nous réconforte et il peut accomplir des choses positives dans nos vies même au sein de l'affliction. L'affliction en elle-même n'est pas une bonne chose. Si c'était le cas, nous pourrions être enclins à rechercher la souffrance. De toute évidence, rien dans les Écritures ne suggère que nous devrions faire cela. De toute façon, nous n'avons pas besoin de rechercher l'affliction ; c'est elle qui nous trouvera.

« *Souviens-toi de Romains 8.28* »

Il n'est pas rare que des personnes bien intentionnées nous voient souffrir et offrent le conseil suivant : « Je vois que c'est une grande épreuve pour toi. Souviens-toi de Romains 8.28, où Dieu promet que toutes choses concourent à notre bien. » Bien que citer les Écritures à une personne qui souffre puisse être une bonne stratégie, il y a plusieurs raisons qui font que citer ce passage ne sera pas forcément bénéfique.

Premièrement, ceux qui comprennent ce que vous dites se souviennent généralement du reste du verset. Paul dit que cela concerne « ceux qui aiment Dieu, [...] qui sont appelés selon son dessein ». Il est possible que le fait de rappeler ce verset à ceux qui souffrent suscite en eux divers doutes. Ils risquent de raisonner ainsi : « Puisque toutes choses concourent au bien de ceux qui aiment Dieu et qui sont appelés selon son dessein, alors le malheur qui m'arrive n'ayant pas encore été tourné en bien, cela doit être que je n'aime pas Dieu comme je le devrais. Ou peut-être que Dieu a bien une volonté et un dessein pour moi, mais que je suis en dehors de sa volonté et que c'est pour cela que ce mal arrive. En fait, peut-être qu'en citant ce verset, mon ami m'accuse implicitement de ces problèmes. » Assurément, de tels doutes n'aident en rien celui qui souffre. Bien entendu, celui qui essaie d'apporter du réconfort n'a pas l'intention d'alourdir le fardeau en ajoutant celui du doute et de la culpabilité.

Deuxièmement, Paul fait clairement référence à la capacité d'un Dieu souverain de transformer tout ce qui arrive aux croyants, y compris l'adversité, en quelque chose qui leur est bénéfique. Pourtant, à la lumière des versets 29 et 30 qui expliquent en quoi le verset 28 est vrai, il est clair que le bien envisagé ici concerne le salut du croyant et pas simplement ce qui contribue à la commodité ou au confort terrestres. Paul écrit : « Car ceux qu'il a connus d'avance, il les a aussi prédestinés à être semblables à l'image de son Fils, afin que son Fils soit le premier-né de beaucoup de frères. Et ceux qu'il a prédestinés, il les a aussi appelés ; et ceux qu'il a appelés, il les a aussi justifiés ; et ceux qu'il a justifiés, il les a aussi glorifiés. »

Néanmoins, ceux qui citent ce verset pensent souvent qu'il garantit une vie aisée et commode. Si ce n'est pas le cas, il est simplement trompeur de citer ce verset comme s'il signifiait que ceux qui sont dans la détresse devraient se sentir mieux parce que Dieu leur rendra bientôt ce qu'ils ont perdu et qui leur rendait la vie simple et facile. Ce n'est certainement pas le sens du verset.

Troisièmement, rappeler le passage de Romains 8.28 à celui qui souffre, surtout dans les premières étapes de son affliction, revient à traiter un problème premièrement émotionnel comme s'il s'agissait d'un problème intellectuel. Nous pensons que si nous pouvons simplement apporter la « bonne » information à celui qui souffre, toute la douleur partira. Si la mère de la petite fille qui s'est égratigné le genou lui citait Romains 8.28, est-ce que cela ôterait la douleur ? Bien sûr que non, et pas uniquement parce qu'elle est une petite fille.

Comprenez-moi bien. Le temps viendra, dans le cheminement de celui qui souffre, où il sera utile d'offrir ce verset ainsi que d'autres informations bibliques et théologiques pour tenter de le réconforter (se référer aux Appendices). Toutefois, quand la douleur émotionnelle et physique est aussi intense, ne vous attendez pas à ce que l'esprit de l'affligé fonctionne à plein rendement. Et même si c'est le cas, la bonne information n'ôtera pas la douleur !

Il reste deux derniers problèmes en lien avec la citation de ce verset, et je pense que ce sont les plus importants. Quatrièmement, au moment, dans notre épreuve, où quelqu'un cite ce verset, Dieu n'a généralement pas fait ressortir le bien de ce malheur. Souvent, ceux qui souffrent ne parviennent pas à voir quand ou comment Dieu le fera. Leur rappeler ce que Dieu peut faire avant même qu'il ait fait quelque chose a peu de chance de les aider.

Et cinquièmement, il est difficile de voir de quelle manière ce bien, quand il viendra, quel qu'il soit, pourra compenser le mal qui s'est produit. Assurément, celui qui tente de réconforter quelqu'un ne cherche pas à dire que, puisque Dieu vaincra en fin de compte cette adversité pour faire quelque chose de bon, le mal qui a eu lieu n'est en fait pas si mauvais ! De plus, j'espère que personne, en citant ce verset, ne suggère que puisque Dieu tournera les choses en bien, même le mal qui a eu lieu n'est pas vraiment un mal ! Malheureusement, le fait de citer Romains 8.28 peut donner cette fausse impression à celui qui souffre. Il serait vraiment insensé d'insinuer qu'une tragédie – la perte d'un être cher ou toute autre tragédie – n'est pas si mauvaise ou n'est pas mauvaise du tout parce que Dieu fera éventuellement surgir quelque chose de bon de cette expérience. Dieu a utilisé le meurtre de Jésus-Christ au calvaire pour nous racheter, mais la mort de notre Seigneur n'en est pas moins un meurtre, et ceux qui l'ont mis à mort ne sont pas pour autant des héros qui méritent des éloges !

Souvenez-vous que Jésus lui-même a pleuré quand Lazare est mort (Jn 11.35). Le fait que Jésus avait la puissance pour ressusciter son ami d'entre les morts (et qu'il l'a fait) ne l'a pas amené à penser que ce qui s'était passé était insignifiant. Jésus savait que c'était un terrible malheur et il a pleuré, même s'il savait qu'il pouvait ressusciter Lazare. La Bible nous dit aussi qu'en conséquence du péché, la création entière a été soumise à la frustration (Ro 8.20). Dieu libérera un jour la création de la malédiction (Ro 8.21), mais ce fait ne minimise en rien le mal qui s'est produit. Le fait que Dieu renverse les conséquences du péché dans notre monde et démontre ainsi sa gloire et sa puissance ne signifie pas que le péché était bon.

Après tout, Dieu a dit à l'humanité de ne pas pécher. Le fait qu'il puisse manifester sa puissance et sa grâce en sauvant les pécheurs ne signifie pas qu'il est en fait heureux que nous ayons péché, rendant ainsi son salut possible, ou que le péché n'est pas vraiment un péché.

Certaines choses qui arrivent dans notre monde *sont* réellement mauvaises ! Ne minimisez pas ce fait en faisant appel à la capacité souveraine de Dieu de faire surgir le bien même de la plus horrible situation. Plus tard, quand la douleur de celui qui souffre se sera quelque peu atténuée et que le temps aura permis de voir ce que Dieu fera au sein de cette tragédie, alors peut-être que le fait de rappeler ce verset à l'affligé lui apportera du réconfort. Ne soyez pas surpris toutefois s'il l'a déjà récité maintes et maintes fois. Quel que soit le bien que Dieu fera ressortir de ce malheur, cela ne signifie pas que le mal n'est pas vraiment mal. Et citer ce verset, même s'il est vrai, ne fera pas partir la douleur.

« *Nous allons tous mourir un jour* »

Peu après avoir appris la vérité sur l'état de santé de mon épouse, quelqu'un m'a dit : « Tu sais, on va tous mourir de quelque chose. Toi, tu sais juste à l'avance comment cela se passera pour ta femme. »

Même si cela est vrai, en quoi est-ce réconfortant ? Êtes-vous réconfortés à la pensée de votre propre mort ? Si vous saviez à l'avance la *cause* de votre mort, seriez-vous enclins à dire : « Ah, bon, très bien. Maintenant que je sais ce qui aura raison de moi, je peux me détendre » ? Personne n'aime méditer sur sa mort ou celle d'un être cher. Le fait que cela nous arrivera à tous ne constitue pas un encouragement ni le fait de connaître de quelle manière nous allons mourir. Cela est vrai même dans l'hypothèse d'une « belle mort », et bien plus encore face à une terrible maladie mortelle. Quand quelqu'un est dans la peine, ne vous imaginez pas que vous l'aiderez en lui rappelant que nous allons tous mourir un jour, ou que lui au moins sait d'avance de quoi il mourra.

L'autre problème avec cette remarque, c'est qu'elle n'est pas forcément vraie : nous ne pouvons jamais savoir d'avance la cause exacte de notre mort. Certes, la probabilité que ma femme décède de la maladie de Huntington est grande, mais ce n'est pas absolument certain. Elle pourrait aussi mourir d'une crise cardiaque, d'un accident de voiture ou d'une autre manière. Et rien de cela ne constitue un sujet de réjouissance. Cela montre que la remarque sur le fait de savoir comment quelqu'un va mourir n'est ni utile ni nécessairement vraie.

En outre, ce n'est aucunement bénéfique de nous rappeler, à ma femme et moi, qu'en dépit de sa maladie et du fait qu'elle emporte les gens quand ils sont encore relativement jeunes, je pourrais malgré tout mourir avant elle. Cela peut aussi être vrai, mais je ne trouve aucun réconfort à songer que je pourrais ne pas être là au moment où Pat est le plus en difficulté et a le plus besoin de mon aide. Cela ne l'encourage pas non plus.

« Ne prévoyez pas de changements majeurs »

Quand le médecin a diagnostiqué la maladie de Pat, il nous a donné quelques conseils qu'il a dû penser utiles. Après avoir annoncé le diagnostic, il a dit : « Vous devriez réfléchir sérieusement avant d'avoir d'autres enfants. Et vous ne devriez ni l'un ni l'autre envisager de changer de travail. Si vous le faites, vous risquez de ne pas pouvoir obtenir d'assurance maladie. »

Je suis persuadé que le médecin voulait bien faire en offrant ces conseils pratiques. Il fallait en effet que nous réfléchissions à ces questions. Cependant, il y a un temps pour se faire dire de telles choses, et le faire d'entrée de jeu n'est pas le bon moment. J'ai décrit plus haut les sentiments d'abandon et de désespoir. À cela, il faut ajouter l'impression d'être piégé dans une situation et d'être incapable d'y échapper. Ce que ce médecin a dit n'a nullement aidé à soulager ces sentiments. Bien au contraire, ses paroles ont confirmé notre sentiment d'être pris au piège. Bien que j'aime mon emploi et l'endroit où je travaille, personne n'aime sentir que ses options sont limitées ou réduites, particulièrement quand on fait face à des problèmes apparemment insurmontables.

Oui, nous avions besoin de cette information, mais pas à ce moment-là. Quand une de vos connaissances reçoit une nouvelle bouleversante, elle a besoin de conseils pratiques sur sa situation. Toutefois, le moment choisi est crucial. Je vous encourage à être très attentifs à leurs émotions. Au moment où ils se sentent complètement anéantis par la nouvelle, n'ajoutez pas à leur détresse en leur disant quelque chose qui ne fera que renforcer leur sentiment d'être piégés et abandonnés. Si vous ressentez le besoin de dire quelque chose, il est sans doute préférable de simplement les encourager à ne pas prendre de décisions importantes avant d'avoir pris le temps d'y voir plus clair. Mais ils le savent probablement déjà.

« Je sais ce que vous ressentez »

Voyons une des déclarations les plus classiques que font les gens et que j'ai moi-même dite parfois lorsque je rendais visite aux malades ou aux personnes en deuil. Alors que nous cherchons quelque chose à dire qui puisse réconforter un ami ou un être cher, il semble curieusement de circonstance de dire : « Je sais ce que tu dois ressentir dans un moment comme celui-ci. » Par expérience, j'ai appris à quel point ce genre de commentaire peut être déplacé ou inutile. Il y a en fait deux problèmes. D'une part, ce n'est pas vrai, et celui qui souffre le sait. Du coup, cela sonne faux quand vous le dites.

Même si vous pensez savoir ce que je ressens, et même s'il vous est arrivé la même chose, vous ne savez toujours pas ce que je ressens et vous ne pouvez pas le savoir ! Vous ne le pouvez pas parce que vous n'êtes pas moi, avec ma personnalité et mes émotions uniques, mon passé et mes expériences, ma famille et les relations que nous avons les uns avec les autres. Je ne peux pas non plus savoir exactement ce que *vous* ressentez quand le malheur vous atteint. Me dire que vous savez ce que je ressens apparaît comme un moyen facile et hypocrite d'essayer de me réconforter. Je sais que ça ne peut pas être vrai.

Si quelque chose de semblable vous est effectivement arrivé, vous pouvez avoir envie de me dire « je sais ce que tu ressens » parce que vous pensez que je pourrais être encouragé en entendant que d'autres personnes ont beaucoup souffert et ont survécu malgré tout. Si tel est votre objectif, alors dites simplement cela au lieu de dire que vous savez ce que je ressens. Il est possible que cela ne me réconforte pas non plus, parce qu'il est possible que je souffre trop à ce moment-là pour penser que je me sortirai un jour de cette crise. Vous pouvez dire cela du point de vue de celui qui regarde en arrière à sa propre crise et voit qu'il a survécu. Mais souvenez-vous que moi, je suis toujours en pleine crise. Votre expérience ne garantit pas que je survivrai moi aussi.

Malgré le fait que vous et d'autres ayez survécu à la tragédie ne me réconforte pas, au moins votre remarque est vraie. Vous n'êtes pas en train de me dire que vous savez ce que je ressens alors que je sais que vous ne pouvez pas le savoir. Vous êtes simplement en train de dire que même si ces choses sont difficiles, d'autres, comme vous, ont vécu des tragédies et ont survécu. À moins que je sois totalement différent des autres, il est possible que je survive moi aussi.

L'autre problème quand vous dites que vous savez ce que je ressens est que cela n'a pas une grande importance. Pensez-vous que je me réjouirais de savoir que vous vous sentez aussi malheureux que moi ? Je ne souhaiterais pas ma peine à mes ennemis, et encore moins à mes amis. Savoir que vous vous sentez aussi mal que moi ne me ferait pas sentir mieux, mais plus mal. Et au-delà de cela, la raison fondamentale pour laquelle il importe peu que vous sachiez ou non ce que je ressens est que cette information en elle-même ne va pas m'aider. Ce qui aide, ce n'est pas de savoir que vous ressentez la même chose que moi, mais de savoir que vous vous souciez de moi !

Considérez-le sous cet angle : imaginez qu'une terrible tragédie vous arrive. Imaginez que j'aie vécu la même chose et que je vous connaisse. Imaginez que je vous dise : « Je sais exactement ce que tu ressens. Je suis passé par là moi aussi. Mais tu sais quoi ? Bien que je sache ce que tu ressens, ce qui t'arrive m'est égal. »

Est-ce que cela vous réconforterait ou vous aiderait ? Bien sûr que non. Maintenant, si je vous dis que je ne sais *pas* ce que vous ressentez, mais que cela me *préoccupe* et que je veux vous aider, cela va faire une différence. Et cela sera particulièrement utile si vos paroles sont suivies d'actes concrets qui montrent que vous souhaitez vraiment aider. Souvenez-vous, ceux qui souffrent se sentent impuissants, désespérés et abandonnés. Ils ont besoin qu'on se sente concernés et qu'on le manifeste en aidant de toutes les manières possibles. *Ils n'ont pas besoin qu'on partage ce qu'ils ressentent ; ils ont besoin qu'on partage leur fardeau !*

Je dois aussi préciser ici qu'il n'est pas très utile de me dire que Jésus sait ce que je ressens parce qu'il a grandement souffert pendant son pèlerinage terrestre. Ou que Dieu sait ce que je ressens par rapport au fait de perdre Pat parce qu'il a vu son Fils mourir au calvaire. Rien de cela ne m'apporte du réconfort. Ma réaction est plutôt de dire : « Génial. C'est exactement ce dont nous avons besoin : plus de victimes. Ce n'est certainement pas le moment où on se sent mieux quand d'autres souffrent aussi ! » Le fait que Dieu lui-même a souffert à cause du péché de l'humanité ne m'encourage pas et ne me réconforte d'aucune manière. Cela me rappelle que j'ai ma part de responsabilités dans le fait que sa souffrance a été rendue nécessaire et cela me fait me sentir encore plus mal.

Je trouve que 1 Pierre 5.7 est un passage très utile. Il est toutefois important de voir aussi bien ce que ce passage connu *ne dit pas* que ce qu'il dit. Pierre aurait pu écrire : « Déchargez-vous sur lui de tous vos soucis, parce qu'il a souffert aussi et il sait ce que vous ressentez. » Je trouve cette affirmation bien moins encourageante que celle que Pierre a écrite. Pierre nous dit de nous décharger sur Christ de nos soucis parce qu'il *prend soin* de nous. Voilà la clé. Non pas que quelqu'un se sente aussi mal que nous, mais que quelqu'un s'intéresse à nos problèmes et soit présent pour nous aider à porter nos fardeaux.

Dans tout cela, il est très important de reconnaître la différence entre « je sais ce que tu ressens » et « je compatis ». La première formule nous identifie avec celui qui souffre. La seconde montre que nous nous sentons concernés.

« Si tu changeais simplement ta vision de Dieu, tout irait bien »

Les mois s'écoulaient lentement à la suite du diagnostic de ma femme et il me tardait d'avoir quelqu'un à qui parler de ce que je ressentais. Un bon collègue à la foi fervente avec qui j'étais ami depuis des années a proposé de m'écouter. J'ai commencé à lui expliquer à quel point ce qui s'était passé me rendait perplexe. Il semblait que Dieu nous avait caché des informations au sujet de ma femme avant notre mariage, et à nouveau avant que nous ayons des enfants. Je lui ai fait remarquer que cela se révélait particulièrement problématique dans le cadre de ma conception calviniste de

Dieu, dans laquelle Dieu contrôle toute chose. Même en penchant plus vers une vision arminienne de Dieu, dans laquelle Dieu est moins actif dans le monde afin de laisser plus de place à la liberté humaine, il me semblait toujours que Dieu aurait dû intervenir en notre faveur. Après tout, n'avions-nous pas prié que le Seigneur nous conduise et nous garde de prendre une mauvaise décision concernant le choix de nous marier ? Mon ami a répliqué que je parlais d'une certaine conception de Dieu et d'une certaine image de Dieu et que je devais vraiment arrêter ce genre de discours et reconnaître que Dieu est plus grand que toutes les conceptions qu'on a de lui.

Il y a quelque chose de très vrai dans ce que mon ami a dit. Assurément, nous ne pouvons jamais espérer comprendre pleinement notre Dieu majestueux et puissant par le moyen de modèles de pensée humains. Pourtant, je trouvais que les commentaires de mon ami ne m'aidaient pas. D'une part, il ne voyait pas que sa remarque sur le fait que Dieu est plus grand que toutes les conceptions qu'on a de lui constituait en elle-même une autre conception de Dieu.

Le vrai problème était que mon ami disait, en substance, que les choses iraient mieux pour moi si seulement je changeais ma vision de Dieu. Il est certes vrai que les athées qui souffrent doivent changer leur perception de Dieu. Peut-être qu'un chrétien manquant de formation théologique pourrait aussi avoir besoin d'une meilleure compréhension de la nature et des attributs de Dieu. En réalité, même les professeurs de théologie pourraient de temps en temps ajuster leur vision vers une image plus juste de Dieu.

Mais même si c'est le cas, le fait de penser que cela résoudrait le problème spirituel du mal pose malgré tout un problème majeur. Qu'est-ce qui ne va pas dans le fait de dire à quelqu'un en proie à une grande souffrance que tout ce qu'il doit faire, c'est changer sa vision de Dieu ? Le souci est que cela traite un problème fonda-mentalement émotionnel comme si c'était un problème intellectuel. Comprenez-moi bien. Celui qui souffre *peut* avoir une mauvaise vision de Dieu, et à un certain moment, nous devons l'aider à avoir une meilleure image de Dieu. Mais si le problème spirituel du mal est, comme je le suggère, une souffrance émotionnelle à la base, il faut s'occuper de cela en premier. On ne gère pas un problème émo-tionnel en disant à quelqu'un de réajuster sa conception de Dieu. Vous pouvez changer votre vision de Dieu et découvrir malgré tout que la douleur persiste !

Cette erreur apparaît sous d'autres formes tout aussi fréquentes parmi les chrétiens. L'une d'entre elles consiste à dire : « Tu sais, si tu étais calviniste, tu verrais que Dieu est maître de tout cela, et tu pourrais alors trouver du repos en lui. » Une autre consiste à dire : « Tu sais, si tu n'étais pas aussi calviniste, tu ne penserais pas que Dieu est impliqué si directement en toutes choses, et tu arrêterais alors de le tenir responsable de ce qui t'arrive. » La plus fréquente est peut-être celle-ci : « Quand de telles choses arrivent, n'es-tu pas heureux d'être un calviniste ? N'est-il pas merveilleux de savoir qu'en fin de compte, Dieu est en contrôle de tout cela et qu'il a déjà prévu l'issue à ton problème ? »

Les deux premières remarques disent finalement que toute cette situation ira mieux si on change simplement sa vision de Dieu. Nous avons déjà évoqué cette erreur. La troisième remarque ne dit pas à ceux qui souffrent d'adopter une nouvelle conception de Dieu ; elle leur dit plutôt de trouver du réconfort dans leurs croyances concernant Dieu. Pourtant, ne croyez pas que cela récon-fortera vraiment quelqu'un. Je suis un calviniste et je trouve cette remarque non pas utile, mais angoissante. À cause de ma croyance voulant que Dieu dirige toute chose, et comme il me semblait que Dieu m'avait trompé, je ne trouvais aucun réconfort dans le fait d'être calviniste. À vrai dire, je me souviens avoir souvent pensé que tout ce qui nous était arrivé, à ma famille et à moi, serait plus facile à accepter si j'étais arminien. Au moins, je ne verrais pas Dieu si activement et directement responsable de ce qui s'était passé.

Quel était le problème dans ce cas ? Aurais-je vraiment dû considérer mon calvinisme comme insuffisant et l'abandonner ? Pas du tout. Même en étant arminien, ce qui était arrivé me ferait quand même profondément souffrir. Le problème est que ceux qui me faisaient ces remarques, tout comme moi, pensaient que cette profonde blessure émotionnelle pouvait être apaisée simplement en réfléchissant à un concept intellectuel. Certes, il y a un temps pour expliquer et réfléchir à ce que l'on sait être vrai au sujet de Dieu. Si la vision que l'on a de Dieu est fausse, il y a également un temps pour la modifier, mais pas quand la blessure est si profonde et si récente !

Souvenez-vous de la petite fille au genou écorché. En réponse aux explications de sa mère, elle répond : « Oui, maman, mais ça fait toujours mal. » Ce problème ne nécessite pas de discours philosophique ou théologique ; il nécessite un suivi pastoral. Quelle que soit la situation, personne ne peut prédire combien de temps il faudra pour que la douleur se calme suffisamment afin que celui qui souffre soit prêt à réfléchir sérieusement à sa conception de Dieu. Vous pouvez toutefois être certain que tant que la douleur ne sera pas apaisée, dire à l'affligé de changer sa vision de Dieu ou de méditer simplement sur ce qu'il croit à son sujet ne l'aidera pas.

« Tu n'es pas mature spirituellement si tu ne te réjouis pas de cela »

Au milieu de ce bouleversement et de cette tourmente émotionnelle et spirituelle, j'étais aussi préoccupé par ma réponse à ces événements et je me sentais coupable de ne pas maîtriser la situation. Après tout, les chrétiens sont censés se réjouir en toutes choses et persévérer quoiqu'il arrive. D'autant plus qu'en tant que responsable dans l'Église, les gens allaient observer attentivement de quelle manière j'allais gérer cela. Pourtant, j'avais du mal à affronter cette situation. Je prêche assez fréquemment, mais pendant environ six mois, j'ai été physiquement, émotionnellement et spirituellement incapable de le faire. J'avais l'impression que tout ce que pourrais dire serait hypocrite parce que je ne vivais pas ce que prêchais.

Tout cela était déjà assez perturbant, mais mon malaise a augmenté encore. J'étais en train d'écouter une émission de radio chrétienne un jour. Un mari et sa femme, qui avaient perdu leur fille d'une vingtaine d'années dans un accident de voiture, donnaient leur témoignage. Ils racontaient ce qui était arrivé à leur fille et comment, en raison de ces événements, plusieurs personnes avaient rencontré le Seigneur. Ils concluaient en disant que, même si la perte de leur fille était difficile, c'était mieux ainsi. C'était une bonne chose que cela est arrivé.

J'ai entendu cela et je me suis senti encore plus coupable. Encaisser les coups les plus durs de la vie et dire que c'était une bonne chose que cela était arrivé semblaient être le summum de la maturité chrétienne. Si c'était cela être victorieux au sein de l'affliction, je savais que j'en étais loin. Je ne pouvais me réjouir du mal qui avait atteint ma famille et qui continuait de l'atteindre. Mais n'étais-je pas censé le faire ? Après tout, Paul ne nous dit-il pas : « Rendez grâces en toutes choses, car c'est à votre égard la volonté de Dieu en Jésus-Christ » (1 Th 5.18) ? Mon sentiment de ne pas être à la hauteur a augmenté.

Ce que mon ami et collègue m'a dit à ce sujet a été d'une grande aide. Je lui ai dit que je savais que j'étais censé répondre de manière chrétienne à cette situation. Est-ce que cela signifiait que je devais apprécier ce qui se passait ? Il me répondit sans sourciller : « Tu dois apprendre à vivre avec, mais ça ne veut pas dire que tu dois l'apprécier ! »

Cela peut sembler hérétique pour certains. La croyance chrétienne populaire nous rappelle que nous devons nous réjouir en toutes choses et regarder comme un sujet de joie complète les épreuves auxquelles on est exposé. On n'est pas vraiment « dans le coup » spirituellement si l'on est incapable de dire que l'épreuve est une bonne chose – ou du moins, c'est ce qu'on nous dit. Je ne suis pas de cet avis. Penser ainsi ne nous aidera pas à surmonter notre peine ; cela ne fera que l'accroître, car nous nous sentirons coupables de notre incapacité à faire ce que nous pensons être appelés à faire.

Mon ami avait raison, et j'ai compris pourquoi en méditant sur cette question pendant les semaines et les mois qui ont suivi. Le passage de 1 Thessaloniciens 5.18 est souvent mal interprété. Paul ne dit pas que nous devons rendre grâces *pour* toutes choses, mais *en* toutes choses (c'est-à-dire « au sein de »). L'affliction n'est pas bonne, elle est mauvaise. Pourquoi devrais-je remercier Dieu pour le mal ? De plus, Jacques 1.2-4 ne dit pas que l'épreuve est bonne ou qu'elle est une occasion de se réjouir. Il dit que nous devons nous réjouir quand ces choses arrivent parce que Dieu nous suffit au sein des épreuves. Nous devons nous réjouir devant l'épreuve parce que nous pouvons voir ce que Dieu accomplit *en dépit des* épreuves. L'affliction peut être une occasion dont Dieu se sert pour accomplir de bonnes choses dans nos vies, mais la souffrance n'est pas bonne. Elle est quand même mauvaise.

Et parce que l'affliction est mauvaise, je ne suis pas obligé de l'apprécier. Nous avons tous péché et nous vivons donc dans un monde déchu. C'est la raison pour laquelle ces tragédies peuvent se produire en premier lieu. Les Écritures affirment clairement que les hommes meurent à cause du péché (Ro 5.12). Si les hommes doivent mourir, ils doivent bien mourir de quelque chose, et beaucoup mourront de maladies mortelles. À moins que Jésus-Christ ne revienne pour son Église avant que nous ne mourions, nous mourrons tous parce que nous vivons dans un monde déchu. Comprenez-moi bien. Je n'insinue pas que Pat a la maladie de Huntington parce qu'elle est une bien plus grande pécheresse que les autres et que cela constitue son juste châtiment. Au contraire, je serais prêt à soutenir qu'elle est bien plus pieuse que la plupart des gens que j'ai rencontrés. Ce que je veux dire, c'est que nous avons tous péché, et que nous sommes donc tous responsables du monde déchu dans lequel nous vivons.

Si la maladie et la mort sont en définitive les conséquences de la vie dans un monde pécheur et déchu, comment pourrais-je les célébrer ? En tant que chrétien, je suis appelé à résister au péché et à ses conséquences sous toutes leurs formes. Comment pourrais-je alors me réjouir quand les conséquences du péché touchent quelqu'un, à plus forte raison un être cher ? Non, nous n'avons pas à l'apprécier, et si nous comprenons bien quelle est la cause ultime de la maladie et de la mort, nous ferions mieux de ne pas l'apprécier !

Il est par ailleurs injuste de suggérer que celui qui souffre rende grâces pour sa souffrance, parce que cela ne tient pas compte de notre humanité. La douleur et la peine devant la tragédie sont des émotions parfaitement humaines. Si on ne les admet pas et qu'on ne les exprime pas, elles resteront à l'intérieur de nous et nous détruiront. La guérison ne peut avoir lieu si on est dans le déni sur ce que l'on ressent et qu'on se comporte comme si c'était une bonne chose que le mal nous ait atteints. Ces sentiments négatifs doivent être reconnus et exprimés. Il faut s'en occuper et non pas les refouler de sorte que celui qui souffre *agisse* comme si tout allait bien. On ne peut aider les affligés si l'on s'attend à ce qu'ils renient leur humanité. Prendre conscience que je n'avais pas à aimer ce qui se passait m'a soulagé d'un grand fardeau.

« *Le temps guérit toutes les blessures, donc tu devrais bien aller à présent* »

Alors que la maladie de Pat s'installait lentement, quelque chose de plus profond, que je n'avais pas du tout prévu, s'est produit. Et cela n'a en aucune façon été bénéfique. Au fil des semaines, des mois et des années passés à gérer la tragédie, ceux qui souffrent « s'habituent » à leur problème. Les emplois du temps sont adaptés en fonction des besoins et après un certain temps, la vie retrouve au moins un semblant de normalité.

Quand cela se produit, ceux qui vivent la souffrance et les épreuves parlent moins souvent des défis qu'ils rencontrent. Les amis et la famille ont tendance à considérer cela comme un signe que la personne qui souffre est en train de se remettre des choses terribles qui lui sont arrivées. Ils supposent donc que la personne touchée par le malheur doit réussir à surmonter ce qui est arrivé. Par conséquent, ils ne se donnent plus vraiment la peine de poser des questions sur la situation ou de proposer de l'aide. Comme l'affligé ne mentionne pas les problèmes, ses amis et sa famille semblent se comporter comme s'ils considéraient que le vieux proverbe – le temps guérit toutes les blessures – était véridique dans le cas présent. Il devrait donc s'ensuivre que les amis reprennent leur relation amicale avec la personne qui souffre et que cette relation ressemble davantage à ce qu'elle était avant que la tragédie se produise. Mais ce n'est souvent pas le cas. Ayant pris l'habitude de rester à l'écart de celui qui souffre, ils continuent à le faire en supposant que la personne n'a plus besoin de réconfort ou d'assistance. Peut-être qu'ils restent à distance aussi parce qu'ils craignent toujours que l'affligé ait envie de parler de son deuil et qu'ils ne soient pas en mesure de répondre à ce qui pourrait être dit.

De telles attitudes ne sont d'aucune aide. Dans un sens, on ne se remet jamais d'une perte tragique. Certes, la douleur intense présente au début de la tragédie disparait, mais ne croyez pas que ce qui s'est passé n'est plus douloureux. Persister à demeurer à distance signifie, pour celui qui souffre, que vous avez complètement oublié sa situation et que vous pensez qu'il va bien. Ou encore vous pensez bien à ses difficultés, mais vous ne vous en souciez pas assez pour faire l'effort de voir comment il va, ce qu'il ressent, ou comment vous pourriez l'aider. Ou bien vous sentez que votre ami est en difficulté, mais vous ne voulez pas vous impliquer de peur de ne pas savoir quoi dire.

Bien que de telles attitudes et réactions à l'égard de l'affligé puissent se produire, rejetez-les. N'utilisez pas ces pensées pour justifier de ne pas offrir de réconfort ou d'encouragement à celui qui souffre ! Lui donner l'impression que vous pensez qu'il « va bien » ne fait que renforcer son sentiment d'abandon. Cela véhicule l'idée que ses amis ne comprennent pas à quel point les choses sont encore douloureuses, et qu'ils pensent que celui qui souffre n'a plus besoin de réconfort, d'encouragement et d'aide. Mais c'est faux. Les fardeaux qu'il porte sont toujours aussi lourds et après les avoir portés pendant longtemps, d'une certaine manière, ils font encore plus mal qu'au départ. Je vous en prie, souvenez-vous que la tragédie personnelle laisse une marque indélébile qui ne disparaitra que dans l'éternité, quand Dieu essuiera toute larme. Mais nous n'en sommes pas encore là. Donc tant que celui qui souffre est en deuil (ce qui sera le cas tant qu'il vivra), continuez à lui venir en aide selon ses besoins, tout comme vous le faisiez pendant les premiers jours, mois et années de la tragédie.

La liste des commentaires peu utiles abordée dans ce chapitre n'est pas exhaustive, mais j'espère que vous les méditerez en profondeur. Toutefois, je vous en prie, ne laissez pas la crainte de dire ou faire quelque chose de « mal » vous garder d'être aux côtés de celui qui souffre et de lui apporter votre aide !

Dans le chapitre 2, j'ai mentionné que lorsque la tragédie survient, les amis laissent souvent l'affligé seul, parce qu'ils ont peur de dire quelque chose de mal qui aggraverait la situation, ou parce qu'ils craignent de ne rien avoir à dire de profond qui pourrait soulager la douleur. Tout cela révèle une incompréhension fondamentale de ce dont celui qui souffre a vraiment besoin. Quand la tragédie survient, et bien longtemps après, les personnes endeuillées ont besoin d'un moyen d'exprimer toutes les pensées et les sentiments qu'elles éprouvent. Elles brûlent d'envie d'avoir quelqu'un qui se préoccupe assez d'elles pour simplement les écouter épancher leurs cœurs. Même s'il est normal de vouloir dire quelque chose pour soulager la douleur de la personne en souffrance, il est encore plus important d'écouter ce qu'elle veut dire.

Dans les chapitres suivants, j'aborderai les choses qui m'ont aidé. Elles ne sont pas toutes survenues en même temps, et dans certains cas, il m'a fallu un moment pour en saisir toute la portée. Si vous vous débattez avec le problème spirituel du mal, je compte sur vous pour garder cela en tête quand vous lirez ces chapitres.

4

La bonté de Dieu

« La grâce pour aujourd'hui »

Au milieu de toutes les remarques et actions inutiles, une des choses qui m'a aidé au fil du temps a surgi lors d'une conversation avec mon père, plusieurs semaines après que nous avons reçu le premier diagnostic de la maladie de Pat. Je me lamentais de la situation qui semblait si désespérée. Je ne voyais pas comment je serais capable de la gérer quand l'état de Pat se détériorerait. Et qui plus est, il y avait la possibilité que j'aie à traverser la même chose pour un ou plusieurs de nos enfants. Je ne savais pas comment j'y parviendrais. À ce moment, mon père m'a dit : « John, Dieu n'a jamais promis de te donner la grâce de demain aujourd'hui. Il a seulement promis la grâce de ce jour pour aujourd'hui, et c'est tout ce dont tu as besoin ! »

Combien cela est vrai ! Cette seule remarque me rappelait à la fois la grâce de Dieu et la nécessité de prendre un jour à la fois. Dieu m'a bien fait comprendre que je n'avais pas à vivre mes lendemains aujourd'hui. Je ne sais pas comment je surmonterai mes lendemains, mais je sais qu'ils ne viendront qu'un jour à la fois et que, chaque jour, la grâce me sera donnée d'affronter chaque nouveau défi pour moi et pour ma femme. Cela ne signifie pas que ce sera une partie de plaisir, mais cela signifie que Dieu pourvoira la force nécessaire pour chaque jour.

J'ai toujours été une personne motivée par les objectifs et qui aime planifier l'avenir. À cause de cette vérité sur la grâce, j'ai commencé à focaliser mon attention non plus sur le futur, mais sur le présent. J'ai commencé chaque journée en ne demandant à Dieu que la grâce nécessaire pour me soutenir pendant cette journée. Comme cette prière était exaucée jour après jour, l'assurance que Dieu serait là quand les choses empireraient a grandi. J'ai remarqué qu'en raison de cela, j'étais moins inquiet pour l'avenir et plus centré sur le présent et ses responsabilités. Je pense toujours à l'avenir, et je continue de faire des projets, mais plus l'état de santé de Pat se détériore, plus je réfléchis en fonction du futur proche.

On me demande souvent si je fais partie d'un groupe de soutien pour les personnes souffrant de la maladie de Huntington. Certains ont des adresses, des numéros de téléphone et des adresses électroniques pour m'aider à m'impliquer dans un groupe. Je sais que de tels groupes peuvent être très utiles et qu'ils sont vraiment une bouée de sauvetage pour de nombreuses familles. Toutefois, j'ai décidé de ne pas faire partie d'un tel groupe. Avec ma personnalité, si je voyais d'autres personnes atteintes de la maladie de Huntington et leurs familles parler des défis qu'ils rencontrent, je projetterais probablement leurs symptômes et leurs difficultés sur notre propre situation, ce qui ne serait pas sage du tout. Bien qu'un ensemble de symptômes soient associés à la maladie de Huntington, personne ne peut prédire quel symptôme touchera quelle personne. On ne sait pas bien non plus combien de temps durera un symptôme ou quelle sera sa sévérité. La nature de la maladie elle-même – qui a suivi une trajectoire imprévisible dans le cas de Pat – fait que je ne vois aucune raison de m'inquiéter de symptômes qu'elle pourrait ne jamais présenter. Jésus nous a dit de ne pas nous inquiéter aujourd'hui des problèmes de demain (Mt 6.34), et cela est parfaitement sensé. Je n'ai pas reçu aujourd'hui la grâce pour demain ; je ne suis donc pas prêt pour les problèmes de demain non plus. Et je ne devrais surtout pas m'inquiéter des problèmes futurs quand ces défis pourraient très bien ne jamais inclure certains symptômes dont souffrent d'autres malades de la chorée de Huntington. Donc bien qu'appartenir à un groupe de soutien fonctionne bien pour d'autres, j'ai choisi une autre voie.

Au fil des ans, alors que l'état de santé de Pat se dégradait, j'ai suivi la même approche fondamentale. Je dois bien entendu planifier pour ses besoins futurs. Cela est devenu très clair quand je suis devenu progressivement moins apte à m'occuper d'elle à la maison. Je redoutais le jour où j'aurais à la placer dans un centre de soins, mais je ne pouvais pas simplement me reposer et attendre la venue de ce jour pour me renseigner sur la manière de le faire et sur le meilleur établissement. Encore aujourd'hui, c'est en me concentrant sur ses besoins quotidiens et sur les détails dont il faudra s'occuper dans un futur proche que je gère le mieux la situation de Pat. Si je considère d'un seul coup tout ce qui doit être fait sur une période de plusieurs années, cela semble être une mission impossible. Toutefois, quand je me concentre uniquement sur les besoins immédiats, la situation n'est pas si insurmontable. Et je peux dire maintenant, plus de vingt-huit ans après le premier diagnostic, que Dieu m'a accordé fidèlement sa grâce pour chaque jour et chaque défi ! Je n'ai aucun doute que sa grâce sera présente chaque jour pour le restant de nos vies.

L'importance d'écouter

Dans les semaines et les mois qui ont suivi le diagnostic, tant de pensées et d'émotions traversaient mon esprit que j'avais l'impression qu'une guerre avait lieu dans ma tête. J'avais l'impression que j'allais exploser si je ne pouvais pas partager ce que je ressentais. J'avais besoin d'exprimer mes pensées, mais je trouvais peu de personnes prêtes à écouter. Non pas que je pense que mes amis et mes connaissances étaient indifférents. Je pense juste qu'ils ne savaient pas trop à quoi s'attendre s'ils m'écoutaient et s'ils me faisaient sentir encore plus mal en répondant la mauvaise chose à ce que je dirais. Il était plus facile de prier pour nous ou d'offrir un mot de sympathie que d'écouter. Encore aujourd'hui, il y a des moments où j'ai seulement besoin de quelqu'un qui écoute ce que je ressens et ce à quoi j'ai réfléchi. C'est la raison pour laquelle il est si important « d'être là » pour écouter, même si on n'a rien d'important à répondre. En temps de crise, notre contribution la plus importante est notre présence et notre écoute. Cela démontre que nous nous faisons du souci et que nous comprenons le besoin de celui qui souffre d'exprimer à voix haute ce qui se passe dans sa tête et son cœur.

Ne vous tenez donc pas à l'écart des affligés de peur de ne pas avoir les « mots magiques » pour faire disparaître la douleur. Même si vous les avez, quand la douleur est si récente et si intense, celui qui souffre n'est pas en mesure d'intégrer ce que vous pourriez dire. En l'écoutant, vous gagnez le droit d'être entendu quand il sera prêt et capable d'écouter. Ceux qui ne veulent pas écouter quand cela est nécessaire manifestent soit qu'ils ne se soucient pas de ce que ressent ou pense celui qui souffre, soit qu'ils ont la réponse toute faite au problème, traduisant ainsi que ce qui est arrivé ne doit pas être si terrible. Sans s'en rendre compte, ils renvoient l'image de quelqu'un qui ne comprend pas vraiment ou n'est pas réellement sensible à ce que vit celui qui souffre.

Ces points sont clairement illustrés dans le livre de Job. Les amis de Job ont commis de nombreuses erreurs en « s'occupant » de ses besoins, mais une des choses qu'ils ont faites correspondait parfaitement à ce dont il avait besoin. Après la deuxième vague d'afflictions, les amis de Job sont venus le réconforter et se sont assis avec lui pendant sept jours et sept nuits. *Et ils n'ont rien dit.* La Bible dit qu'ils ne lui ont pas parlé parce qu'ils voyaient combien sa douleur était grande (Job 2.13). Cela manifestait une grande sensibilité à ce qu'il ressentait et à ce qui l'aiderait le plus. On ne sait pas ce que Job a dit ou fait pendant ces sept jours et sept nuits, mais assurément, ses amis avaient raison d'être là et de rester silencieux ! Les soucis débutèrent quand ils se mirent à parler, à essayer de soulager sa peine en l'inondant de toutes sortes de spéculations tentant d'expliquer pourquoi cela lui arrivait et ce qu'il devrait faire pour que sa douleur soit apaisée.

Le moment choisi par Dieu pour répondre à Job illustre aussi ce point. À maintes reprises, Job a cherché Dieu et a exprimé son souhait de plaider sa cause devant Dieu. « Oh ! si je savais où le trouver », dit Job, « si je pouvais arriver jusqu'à son trône, je plaiderais ma cause devant lui, je remplirais ma bouche d'arguments » (Job 23.3,4). Mais Dieu demeurait silencieux.

Dieu aurait pu répondre ce qui est écrit dans les chapitres 38 à 41 peu de temps après que les afflictions de Job ont débuté, mais il ne l'a pas fait. Certains diront peut-être que si la réponse de Dieu était arrivée juste après le chapitre 2, cela aurait ruiné l'impact littéraire du livre. Ce n'est qu'après avoir lu les nombreux chapitres de dialogues entre Job et ses amis que nous sommes prêts à entendre la réponse de Dieu. Je n'écarterais pas la validité de cet argument concernant la forme littéraire du dialogue ou l'impact créé en plaçant ces chapitres là où l'auteur l'a fait. Néanmoins, rien n'indique que cette histoire serait une fiction dans laquelle l'auteur aurait pu imaginer les événements dans l'ordre correspondant à son intention littéraire. L'auteur nous dit plutôt que Dieu a réellement attendu un long moment avant de répondre à Job.

Et cela est tout à fait logique, car Dieu connaît beaucoup mieux notre nature que nous. Ainsi, il savait que Job avait besoin de temps et de la possibilité d'exprimer ses sentiments, ses questions et ses doutes. Dieu est donc demeuré silencieux, écoutant Job exprimer sans détour ses pensées et ses émotions. Dieu est bien trop sage pour croire que Job aurait été prêt à entendre et assimiler les paroles des chapitres 38 à 41 s'il les avait prononcées juste après que le malheur ait frappé Job. Ce n'est qu'après avoir analysé sa situation et exprimé ses sentiments à maintes reprises, que Job a été prêt à entendre la réponse de Dieu. Dieu a donc attendu, en écoutant et sans parler. Il serait sage que nous fassions de même quand nous apportons de l'aide aux affligés.

Job voulait trouver Dieu afin de plaider sa cause devant lui. Bien que Job ne sentait pas sa présence, Dieu n'a pas cessé d'être là, écoutant Job et ses amis. Et il est présent dans nos vies quand nous ressentons la douleur causée par une tragédie. Nous voudrions qu'il nous explique pourquoi cela nous arrive, mais Dieu nous écoute exprimer notre peine, attendant de nous répondre exactement au moment où nous sommes prêts à l'écouter.

Pour ma part, j'avais besoin de personnes pour m'écouter. Les amis qui m'ont écouté m'ont aidé bien plus que j'en étais conscient à l'époque. Je ne peux imaginer à quel point cette expérience aurait été encore plus pénible si personne ne m'avait écouté. L'un de ceux qui m'ont écouté était un thérapeute professionnel. Je me souviens d'avoir eu certaines attentes sur ce qui se passerait pendant mes entretiens avec lui. Je ne m'attendais pas à ce qu'il réponde à toutes mes questions théologiques et philosophiques sur la situation. Cependant, je m'attendais à ce qu'il me dise quoi faire pour dépasser le profond chagrin que je ressentais. À ma grande surprise (et, dans une certaine mesure, frustration), il a très peu parlé pendant nos rencontres, surtout lors des premières. Il posait de temps en temps une question pour que je continue à parler de mes pensées et de mes sentiments, mais il offrait peu de conseils et faisait peu de commentaires.

Au début, je trouvais que les entretiens étaient en quelque sorte une perte de temps parce que j'en retirais si peu de choses qui me paraissaient utiles. D'un autre côté, je me disais qu'au moins, maintenant, j'avais l'occasion d'exposer en détail toutes mes pensées et tous mes sentiments sur la situation. Et même si le thérapeute ne prodiguait que très peu de conseils, il était bon d'avoir au moins l'occasion de dire ce que je pensais. Au fur et à mesure des séances, le thérapeute a commencé à me donner quelques conseils et je les trouvais utiles. Il m'avait écouté si patiemment, comment pouvais-je ne pas l'écouter attentivement ? De plus, je savais que, quel que soit son conseil, il avait l'avantage de connaître en détail mes pensées et mes sentiments. Il aurait été inutile de chercher à m'opposer à ce qu'il disait en rajoutant des éléments de mon histoire qui pourraient le faire changer d'avis. Il en connaissait déjà de nombreux détails parce qu'il avait écouté avec beaucoup d'attention.

J'ai accordé beaucoup de place à cette question parce qu'elle me paraît vraiment importante. Le simple fait d'écouter ne fera pas disparaître la douleur, mais c'est un premier pas essentiel. J'espère pouvoir encourager ceux qui me lisent à ne pas abandonner celui qui souffre. J'espère que vous constaterez que même si vous n'avez rien à dire qui puisse soulager la souffrance, vous devriez quand même rendre visite à votre ami ou au membre de votre famille qui souffre. Ce n'est pas seulement vrai au moment où la tragédie frappe ; ça l'est aussi longtemps que celui qui souffre fait face à sa perte. Encore maintenant, il y a des moments où j'ai juste besoin de quelqu'un qui m'écoute raconter ce que je ressens et ce que je pense au sujet de ce qui arrive à ma femme et à ma famille. L'écoute est bien plus utile que vous ne pouvez l'imaginer.

L'importance de visiter la personne malade ou en deuil

Je dois ajouter ici qu'il est important de rendre visite à ceux qui sont malades. Heureusement, certains amis rendent visite à Pat régulièrement. D'autres ne sont venus qu'occasionnellement, puis ont cessé de venir quand Pat n'a plus été capable de parler ou d'interagir avec eux. Je comprends que les gens aiment penser que le fait de rendre visite au malade change quelque chose pour le patient. Quand le patient ne peut pas répondre, il est facile de penser que vous n'accomplissez rien. Je comprends donc pourquoi certains cessent de lui rendre visite. Mais je dois vous dire deux choses. Premièrement, si vous y allez parce que vous pensez que vous pouvez faire du bien au patient, ne concluez pas que vous n'avez pas aidé simplement parce que le patient ne peut pas parler. Si vous ne pouviez pas parler, seriez-vous heureux d'être laissé seul toute la journée ? Le fait qu'elle ne peut pas parler ne signifie pas qu'elle ne se rend pas compte de ce qui se passe autour d'elle ni que votre visite est sans valeur !

Deuxièmement, si vous y allez parce que cela vous donne bonne conscience d'être une personne attentionnée qui visite les malades, et si vous pensez que la seule façon de savoir si vous avez aidé réside dans le fait que le patient interagisse avec vous, c'est une mauvaise approche. Le but de rendre visite aux malades n'est pas de donner bonne conscience aux visiteurs. Le but doit être d'améliorer les choses pour le patient. Vous vous demandez peut-être comment vous pouvez, dans le cas d'une maladie comme celle de

Pat, faire quelque chose pour améliorer sa situation. Vous améliorez les choses en lui montrant qu'il y a encore des gens qui l'aiment et qui se soucient d'elle malgré le fait qu'elle a perdu certaines de ses capacités et qu'elle ne peut participer à une conversation (ou à quoi que ce soit d'autre) qu'un peu ou même pas du tout. Si les membres de la famille du patient ont l'impression d'être abandonnés à eux-mêmes aux prises avec le fardeau insupportable qui est celui de prendre soin d'un proche qui s'éteint lentement, à combien plus forte raison la personne atteinte de la maladie doit se sentir désespérée, impuissante et inutile ! Personne ne veut être un fardeau ou placer un lourd fardeau sur les épaules de ceux qui s'occupent de lui. Si vous abandonnez votre ami malade, qu'est-ce que cela véhicule comme message ? Que maintenant que les choses deviennent de plus en plus désespérées, vous ne vous souciez plus d'eux et n'avez aucune réticence à les abandonner ? Qu'il n'y a plus de raison de leur rendre visite parce que vous ne voyez plus de signes que votre visite a été utile ? Assurément, rendre visite aux malades n'a pas pour but de nous donner bonne conscience pour avoir passé du temps avec quelqu'un qui peut faire si peu de choses ; il s'agit de contribuer à rendre la vie plus agréable pour la personne qui lutte avec la maladie, ne serait-ce que pendant un court instant.

Comprenez-moi bien. Mon but, en écrivant ces choses, n'est pas que quelqu'un se sente coupable de ne pas avoir rendu visite aux malades ou encore qu'il se sente obligé de le faire. Il s'agit plutôt d'affirmer que votre visite est importante, même si la personne malade ne peut pas vous dire à quel point. J'écris également cela pour vous encourager à rendre visite aux malades et à fixer votre attention sur l'effet que votre visite aura sur la personne malade et non sur la mesure dans laquelle elle vous donnera bonne conscience.

L'importance des attentions concrètes

Un autre élément essentiel qui m'a aidé à tenir le coup, bien que je ne m'en sois pas rendu compte à ce moment-là, a été de voir que Dieu et les autres se souciaient vraiment de notre situation. Cela a particulièrement été le cas pendant les premiers mois et les premières années de la maladie. J'ai parlé dans les chapitres précédents du sentiment d'abandon et d'impuissance qu'on ressent. On a l'impression qu'un incroyable fardeau a été posé sur nos épaules et que personne n'est là pour nous aider à le porter. Alors que j'étais en proie à ces sentiments, Dieu s'est servi de diverses personnes pour me montrer que lui et d'autres personnes savaient ce que ma femme et moi traversions, et qu'ils se souciaient de nous.

Plusieurs incidents ont été particulièrement significatifs. Peu après que nous avons appris la nouvelle pour Pat, mon frère est venu pour m'encourager. Je me souviens de l'avoir entendu dire que même si je pouvais me sentir abandonné à ce moment-là, Dieu ne m'avait pas abandonné, et lui et le reste de ma famille non plus. À ce stade, j'étais encore dans un tel état de choc que je ne m'étais pas rendu compte que j'éprouvais effectivement un sentiment d'abandon. Mais Dieu le savait, et il avait envoyé mon frère pour me rassurer.

Je me souviens également d'une visite importante de mon pasteur. Personne ne lui avait dit de nous rendre visite et nous ne lui avions pas demandé de venir. Il savait que nous souffrions, et cela lui tenait suffisamment à cœur pour qu'il fasse quelque chose. Je me souviens bien de ses premières paroles. Il m'a dit qu'il ne pouvait même pas s'imaginer ce que je ressentais, mais qu'il voulait que je sache qu'il se souciait vraiment de ce qui arrivait, et que l'Église et lui voulaient nous aider de toutes les manières possibles. Je n'en avais pas pris conscience, mais j'avais vraiment besoin d'entendre cela. Il n'a pas dit grand-chose de plus, mais il était disposé à être là et à écouter. Sa présence signifiait que cela lui tenait à cœur. Quand il semble impossible de survivre à la peine et quand tout semble désespéré, nous avons besoin de savoir que quelqu'un se soucie de nous et nous aidera.

Il y a eu d'autres visites, et les paroles ont été suivies d'actions. Mon pasteur a remarqué que notre maison avait besoin de quelques aménagements intérieurs. Il a pris l'initiative de monter un groupe de personnes de l'Église pour les faire. C'était leur manière de dire qu'ils nous aimaient, qu'ils étaient tristes de ce qui était arrivé et qu'ils voulaient faire quelque chose de concret pour manifester cet amour. Certains penseront peut-être que c'était une action un peu étrange. Après tout, en quoi le fait de repeindre quelques pièces pourrait-il bien être utile dans le contexte de cette terrible maladie ? Bien au contraire, pourtant, ce qu'ils ont fait m'est apparu comme le moyen utilisé par Dieu pour me montrer que si ces personnes tenaient assez à nous pour faire cela, ils seraient aussi présents – avec d'autres personnes – quand j'aurais besoin d'aide directement liée aux soins de ma femme. Les gens sont très attristés par ce qui arrive, et ils souhaitent simplement pouvoir faire quelque chose de concret pour exprimer leur amour et leur sollicitude. Laissez-les faire des choses semblables à celles que mes amis de l'Église ont faites. Cela sera bon tant pour eux que pour vous ! Alors que l'état de santé de Pat s'est dégradé et qu'elle fait moins de choses, des amis et des connaissances chrétiennes sont toujours présents et manifestent de diverses manières leur souci pour nous. Quelle belle image de l'amour de Dieu pour nous !

Tout ce que mon pasteur et mon Église ont fait dans notre maison illustre un autre point sur l'aide apportée aux affligés. Souvent, quand nous entendons parler d'une personne dans le besoin, nous lui disons : « Si je peux faire quoi que ce soit pour t'aider, n'hésite pas à me le demander. » Cela manifeste notre préoccupation, mais réfléchissez à ce que cela produit également. En plus de toute la peine et toute la souffrance que la personne éprouve, elle a maintenant une tâche à faire : consacrer une partie de son énergie émotionnelle et mentale à réfléchir à quelque chose que vous pourriez faire pour elle. Nous pouvons faire preuve de plus de perspicacité que cela, ne croyez-vous pas ? Nous savons que les courses doivent être faites, que les enfants doivent être emmenés aux cours de musique ou aux entraînements sportifs, que la pelouse doit être tondue et les pièces repeintes. Pourquoi ne pas dire à celui qui est affligé : « Je sais que Jimmy a son entraînement de baseball cet après-midi, et ça me ferait plaisir de l'amener et de le ramener. » Ou bien : « Je vais à l'épicerie ce matin ; veux-tu que j'achète quelques fruits en rabais et d'autres provisions pour toi ? » Ou encore : « Je vois que certaines pièces de ta maison n'ont pas été repeintes depuis un moment. Laisse-moi rassembler un groupe d'amis pour venir faire cela pour toi. »

Tous ces commentaires hypothétiques ont au moins une chose en commun. Ils évoquent un besoin précis et une manière pour vous d'y répondre volontiers. Ainsi, plutôt que d'offrir une aide générique, la personne qui souffre sait que vous aimeriez vraiment faire cela. Si vous proposez juste de l'aide de manière générale, elle pourrait ne pas oser demander quelque chose de précis, de peur que ce ne soit pas quelque chose que vous aimiez faire ou que vous soyez en mesure de faire. Vous seriez malgré tout obligé de le faire, même si vous n'en aviez pas envie, parce que vous l'avez proposé. Sachant cela, ma réaction quand quelqu'un propose une aide générique est de ne rien demander du tout, parce que je ne veux pas charger qui que ce soit de quelque chose qu'il préférerait ne pas faire. Par contre, si vous proposez de faire quelque chose de précis, cela m'épargne le temps et l'effort requis pour trouver ce que vous pourriez faire pour moi. De plus, si j'accepte de vous laisser faire cela, je sais que je ne vous demande pas quelque chose que vous ne pouvez ou ne voulez pas faire. Enfin, votre offre précise (comme celle de mon pasteur) me montre que vous vous sentez vraiment concernés et que vous êtes attentifs à ma situation particulière. Et rien que cela m'encourage déjà beaucoup, sans parler de l'aide précise que vous m'apporterez concrètement.

Les membres de mon Église m'ont aidé et ont été attentionnés. Mes collègues et les étudiants de la Trinity Evangelical Divinity School où j'enseigne l'ont été également. Après l'annonce du diagnostic de la maladie de Pat, les étudiants ont, de leur propre initiative, mis à part des temps particuliers chaque semaine pour prier pour nous. Les étudiants et collègues continuent de prier pour nous, et de nombreuses personnes à Trinity manifestent leur sollicitude en nous demandant régulièrement comment nous allons et en proposant de nous aider.

Pendant toutes ces années, la direction de Trinity s'est comportée de manière merveilleuse envers nous et dans sa manière de gérer notre situation. À la suite de l'annonce du diagnostic de la maladie de Huntington et pendant bien longtemps, j'ai eu du mal à enseigner plusieurs de mes cours. Au lieu de me réprimander ou de menacer de me retirer mon poste d'enseignant, la direction a fait preuve de patience et de compréhension. Au moment où nous avons appris la nouvelle, j'étais censé prendre un congé sabbatique l'année académique suivante pour travailler sur des projets d'écriture. Mais la douleur physique était telle, sans parler du stress émotionnel, que je ne savais plus si je serais capable de rédiger quoi que ce soit pendant cette année sabbatique. J'en ai fait part au président et au doyen, en suggérant que je devrais peut-être remettre ce congé à plus tard. Ils ont abordé la question de manière plus compatissante. Le président et le conseil m'ont dit de prendre congé ce trimestre, et de le considérer comme une combinaison du congé sabbatique et d'un arrêt de maladie. Ils m'ont dit de ne pas m'inquiéter de la quantité de pages que je parviendrais à écrire. Le fait que j'aie pu en fin de compte accomplir de nombreuses choses pendant ce congé n'a pas éclipsé la sollicitude, l'attention et la compassion dont ils ont fait preuve à mon égard dans ce moment si difficile.

Plus récemment, alors que les besoins de Pat grandissaient et que je devais consacrer plus de temps et d'attention à sa prise en charge, la direction de Trinity s'est montrée merveilleusement bienveillante et conciliante. De son plein gré, elle a ajusté mon emploi du temps et mes responsabilités pour que je puisse continuer à œuvrer à Trinity, et elle l'a fait de façon à ce que cela me laisse du temps pour m'occuper de Pat. En fait, vers la fin des années 1990, le recteur et le doyen ont remarqué que l'état de santé de Pat se dégradait. En réponse à cela, ils ont pris l'initiative de rédiger une proposition visant à alléger ma charge d'enseignement et mes responsabilités sur le campus pour que je puisse rester plus longtemps à la maison chaque semaine pour prendre soin de Pat. Pourtant, cette proposition ne suggérait en aucune façon que l'on réduise mon salaire ou mes avantages. Il se trouve que j'ai pris d'autres responsabilités au sein de l'école afin d'être plus libre pour m'occuper de Pat. La bonté et la sollicitude manifestées par ces responsables, dont l'unique désir était de nous aider à gérer notre situation, ont prouvé de manière saisissante que les personnes avec qui je travaille ne se contentaient pas de dire qu'ils se souciaient de nous, mais ils l'ont démontré de manière concrète et tellement généreuse !

Tous ces événements, ainsi que bien d'autres au fil des années, m'ont convaincu qu'il y a des personnes qui tiennent vraiment à nous et qui nous aideront quand ce sera nécessaire. Je considère aussi ces actes de bonté comme le signe que Dieu prend soin de nous également. Tout cela m'a beaucoup aidé et a contribué à ce que je puisse surmonter mes sentiments d'abandon, de désespoir et d'impuissance. Et je sais qui envoie des gens pour nous aider : la bienveillance de Dieu envers nous transparaît dans l'aide concrète des autres.

La preuve que Dieu se soucie de nous

Il y a une partie de notre histoire que je n'ai mentionnée que brièvement, et il serait utile que j'en parle davantage puisque cela nous aidera à mieux comprendre la prise en charge des personnes affligées. Dans les chapitres précédents, j'ai parlé du dossier médical de ma belle-mère provenant de l'hôpital de New York où elle a passé les dix dernières années de sa vie. L'hôpital nous l'avait envoyé parce qu'elle était morte dix ans avant que la maladie de Pat ne soit diagnostiquée et parce que nous avions besoin de confirmer ou infirmer le diagnostic.

Quand ce dossier est arrivé, j'ai commencé à le consulter. Ma belle-mère avait été admise dans cet hôpital en 1967, cinq ans avant que je rencontre et épouse ma femme. Il y avait un bon nombre d'informations que je ne comprenais pas en lisant le dossier, mais j'en ai vu une qui m'a horrifié. Quelques mois après son arrivée à l'hôpital, le diagnostic de maladie de Huntington avait été noté dans le dossier. L'information qui aurait pu nous épargner toute cette situation était déjà disponible cinq ans avant que je rencontre ma femme. L'information qui aurait pu nous éviter d'avoir des enfants et de les charger de ce fardeau était bien là dès 1967. Elle avait été là pendant vingt ans, et personne ne nous en avait parlé, alors même que nous cherchions des réponses. La vérité ne nous est jamais parvenue par ce dossier.

J'étais furieux en voyant cette information. Vous imaginez bien pourquoi j'étais autant en colère et pourquoi je me sentais trahi et trompé. Vous pouvez également comprendre pourquoi les commentaires affirmant qu'il était bon d'être calviniste dans de telles circonstances me révulsaient au lieu de me réconforter.

Dans les mois et les années qui ont suivi cette révélation, mon regard sur la question a changé. Cette information avait été disponible pendant vingt ans et nous aurions pu la découvrir à n'importe quel moment. Pourquoi donc Dieu ne nous l'a-t-il pas communiquée avant 1987 ? Tandis que je luttais avec cette question, j'ai commencé à voir son amour et sa bienveillance envers nous. Dieu a gardé cette information cachée parce qu'il voulait que j'épouse Pat. Pat est une femme et une épouse merveilleuse. Ma vie serait bien plus pauvre sans elle, et je serais sans doute passé à côté de cette bénédiction si j'avais su cela plus tôt. Dieu voulait que nos trois enfants naissent. Chacun d'eux est une bénédiction et un trésor, et nous serions passés à côté de cela si nous avions eu l'information plus tôt. Dieu savait également que nous avions besoin de faire partie d'une communauté de frères et sœurs en Christ, à l'église et au séminaire, qui nous aimerait et prendrait soin de nous en cette heure la plus sombre et il n'a donc pas divulgué cette information ; non pas qu'il ait malencontreusement oublié de nous la donner ou qu'il soit un Dieu méchant et insensible qui se réjouit de voir ses enfants souffrir. J'ai fini par comprendre que le fait qu'il ait retenu cette information était un témoignage de sa grande bienveillance envers nous. Aucun moment n'est propice à recevoir une telle nouvelle, mais Dieu savait que c'était précisément le bon moment.

Un appel à continuer de manifester son soutien

J'ai déjà longuement parlé de la nécessité de montrer à ceux qui souffrent que nous tenons à eux, parce que je suis convaincu que c'est fondamental. Nous devons démontrer aux affligés que nous nous soucions d'eux, non seulement en le disant, mais aussi en le manifestant par nos actes. Nous devons par-dessus tout ne pas nous tenir à l'écart de ceux qui souffrent. Nous devons être à leurs côtés, même si c'est juste pour les écouter. Votre présence et votre disposition à écouter et à aider en disent long. Elles manifestent votre bienveillance. Quand nous gardons nos distances avec ceux qui souffrent, nous ne faisons que confirmer leur plus grande crainte, à savoir que personne ne se soucie d'eux et que personne ne les aidera. Montrez-leur que quelqu'un tient à eux, non seulement au moment du choc initial, mais aussi dans les semaines, les mois et les années qui suivent. D'une certaine manière, on ne se remet jamais complètement d'une tragédie. Le besoin de l'amour et de l'attention des autres demeure.

Avant de commencer mon ministère d'enseignement, j'ai été pasteur d'une Église pendant deux ans. Ce que j'ai vécu en affrontant la maladie de Pat a eu un fort impact sur moi. Si je devais être pasteur à nouveau, il y a une chose que je ferais assurément. Dès le début, je travaillerais avec les responsables dans l'Église pour identifier toutes les personnes ayant des besoins particuliers dans la communauté. Et je veillerais à ce que quelqu'un dans l'Église les contacte au moins une fois par semaine (et jamais moins de deux fois par mois). Ce ne serait pas toujours le pasteur ni une personne ayant un poste de dirigeant qui s'en chargerait. Le plus important est que nous prenions des nouvelles de ces personnes pour voir comment elles vont et pour aider à répondre à leurs besoins. Les personnes ayant des besoins spécifiques peuvent avoir peu de contact et même aucun pendant des semaines entières. Votre amour pour eux et votre sollicitude peuvent être les seules choses qui apportent un peu de lumière dans leurs vies et qui brisent leur solitude, et elles peuvent constituer leur unique raison de persévérer dans la foi. Cela peut sembler n'être qu'un faible investissement de temps et d'énergie pour ceux qui aident, mais vous ne pouvez pas imaginer l'impact positif que cela produit quand ceux que vous servez voient que quelqu'un se préoccupe de leur situation et est disponible pour leur donner un coup de main.

Le temps ne guérit pas certaines blessures – du moins pas complètement. Même dans les cas où la guérison a eu lieu en partie, celui qui souffre vit avec la tragédie tous les jours. Ne sautez pas à la conclusion que tout va bien simplement parce que la personne affligée ne demande pas de la prière ou de l'aide jour après jour. Jésus n'a pas abandonné cette personne ; faites ce que Jésus ferait ! Que votre préoccupation pour ceux qui souffrent fasse partie intégrante de votre ministère au sein de l'Église !

Un espoir pour l'avenir

Dans les semaines et les mois qui ont suivi le diagnostic de la maladie de Pat, les événements m'ont rappelé brutalement combien il est difficile d'avancer dans la vie sans espérance. Je n'ai commencé à ressentir un réel soulagement de ma douleur que lorsque j'ai commencé à apercevoir quelques lueurs d'espoir. Le fait que Dieu et les autres se souciaient de nous était une source d'espoir, tout comme la prise de conscience que Dieu nous accorderait sa grâce pour chaque nouvelle journée. De plus, des amis qui connaissaient notre situation et cette maladie pouvaient nous montrer des raisons précises d'espérer. Déjà, la recherche sur cette maladie continue. Les avancées du génie génétique dans le domaine de la thérapie génique constituent une autre raison de garder espoir. Peut-être qu'aucun remède ni rien de très utile ne verra le jour à temps pour aider ma femme. Et pourtant, il y a des raisons d'espérer, parce que dans son cas, la maladie a évolué très lentement au début. Ces dernières années, son état s'est dégradé plus rapidement, mais elle pourrait être plus atteinte qu'elle ne l'est. Il est également possible que dans les quelques années à venir, la détérioration soit à nouveau plus lente. Heureusement, la recherche sur cette maladie se poursuit. Au début du siècle, les généticiens ont réussi à comprendre comment le gène de Huntington détruit les cellules. Bien qu'ils n'aient pas encore trouvé de remède, ils semblent avoir au moins quelques idées sur la manière de combattre cette maladie. C'est évidemment une bonne nouvelle pour nos enfants qui risquent d'être atteints de cette maladie. En cinq ou dix ans, on peut assister à des avancées significatives de la médecine.

Est-ce que ce sont de faux espoirs ? Je ne crois pas, mais seul l'avenir nous le dira. Malgré tout, je crois qu'il est essentiel pour les gens d'avoir des raisons d'espérer. Nous ne devons pas donner de faux espoirs, mais quand il existe des raisons légitimes d'espérer, nous devrions les signaler sans tarder. Certains de mes collègues sont particulièrement sensibles à ce besoin. Quand un journal ou un article de revue sort et rapporte une avancée dans la recherche sur la maladie de Huntington, aussi petite ou insignifiante soit-elle, ils prennent soin de me montrer l'article. Ils sont conscients de la difficulté d'avancer sans espérance, donc ils attirent mon attention sur ces choses.

Dieu est bon

Une autre chose qui m'a aidé et qui continue de m'aider est de me concentrer sur le fait qu'en dépit de ce qui s'est produit, Dieu est bon. Un incident particulier a attiré mon attention sur ce fait. Un peu plus d'un an après avoir reçu la nouvelle sur la maladie de ma femme, ma titularisation dans le lieu où j'enseigne a été envisagée. Durant l'entretien d'évaluation de ma titularisation, on m'a posé une question qui m'a fortement interpelé. L'un des membres du comité m'a demandé si, après ce que j'avais vécu, je pouvais encore dire que Dieu est bon. J'ai répondu par l'affirmative, mais de manière quelque peu hésitante. J'ai constaté que je m'étais tellement concentré sur les problèmes et sur ce que Dieu *n'avait pas* fait que je n'avais pas vraiment prêté attention à toutes les manifestations de sa bonté dans ma vie.

Dans les mois qui ont suivi, j'ai beaucoup réfléchi à toutes les choses qui allaient bien pour nous. Je crois que, quelle que soit l'intensité de la douleur et du tourment qu'on endure, il est bénéfique pour celui qui souffre de porter attention aux façons dont Dieu a manifesté sa bonté. Même si une situation semble vraiment horrible, on peut probablement, en y réfléchissant, imaginer en quoi elle aurait pu être pire. Compter les bienfaits de Dieu peut sembler banal, mais cela donne en fait à la personne une perspective différente sur l'étendue de ses problèmes.

Dans notre cas, il existait de nombreuses preuves de la bonté de Dieu. Tout d'abord, la maladie a progressé très lentement au début. Quand on a dit aux docteurs depuis combien de temps Pat avait les symptômes, et qu'ils ont vu à quel stade elle en était à l'époque, ils ont eu du mal à nous croire. Bien entendu, ces dernières années, son état s'est dégradé de manière significative et nous n'avons aucune garantie concernant l'évolution future de la maladie, mais je pourrai toujours être reconnaissant pour les nombreuses années de relative normalité dans l'état de ma femme. Et alors même que nous faisons maintenant face au stade avancé de la maladie, je sais (pour l'avoir lu) qu'on peut être atteint de terribles symptômes avec cette maladie et pourtant, dans le cas de Pat, nous n'avons jamais connu les pires. Affronter cette maladie s'est avéré difficile, mais je peux toujours penser aux façons dont cela aurait pu être pire ! Que ces choses ne se soient pas produites est un signe de la bonté de Dieu envers nous.

Ensuite, les autres chrétiens continuent à manifester envers nous leur amour et leur bienveillance, et quand j'entends régulièrement que des gens du monde entier ont entendu parler de notre situation et prient pour nous, cela me rappelle à nouveau la bonté de Dieu. De plus, j'ai souvent pensé que vivre à notre époque était une bénédiction ! Au début du XXe siècle (et a fortiori auparavant), on savait peu de choses de cette maladie. On sait maintenant que le point de départ de la maladie est physiologique, et non psychologique. La recherche progressant, on a identifié, au cours des quinze à vingt dernières années, le chromosome et le marqueur génétique précis impliqués dans cette maladie. Et, comme je l'ai déjà mentionné, les scientifiques et les médecins continuent d'œuvrer pour combattre et peut-être même guérir cette maladie. Ma femme aurait pu vivre à n'importe quelle autre époque et avoir cette maladie. Nous considérons le fait qu'elle et nos enfants vivent à notre époque comme un autre signe de la bonté particulière de Dieu envers nous.

Enfin, bien que cette maladie constitue un défi majeur, nos vies vont très bien dans beaucoup d'autres domaines. Le Seigneur nous a permis, à Pat et moi, de voyager considérablement dans le monde entier pour œuvrer dans des églises et des écoles bibliques. Le dernier voyage de Pat a eu lieu en 2007, et depuis, je n'ai effectué qu'un seul voyage à l'étranger pour mon ministère. Qui aurait pu imaginer, en 1987, quand nous avons reçu le diagnostic de la maladie de Pat, qu'elle serait encore en mesure de voyager à l'étranger pendant vingt ans ? Mon ministère à Trinity continue d'être une source de joie et Dieu nous a bénis dans bien d'autres domaines de nos vies. Quand je considère ces choses, je peux vraiment affirmer que Dieu a été et est bon envers nous. Il est facile de se concentrer sur ce qui ne va pas. Cependant, quand on prend conscience que l'on vit dans un monde où Satan a tellement d'emprise et où le péché est omniprésent, il est étonnant qu'une chose se passe bien !

Le fait que beaucoup de choses aillent bien est une preuve amplement suffisante de la grâce et de la bonté de Dieu envers nous. Nous ne les méritons absolument pas et Dieu n'est pas obligé de nous les accorder, mais il le fait.

Le verset de 1 Pierre 5.7 (déjà mentionné au chapitre 3) me revient souvent en tête. Il est dit au lecteur : « *[Déchargez-vous]* sur lui de tous vos soucis, car lui-même prend soin de vous. » En général, on se concentre sur la première partie du verset quand on s'exhorte l'un l'autre à ne pas se faire du souci au sujet de ce qui arrive. La seconde partie du verset explique *pourquoi* on devrait agir ainsi et je crois que c'est très instructif. Pierre aurait pu écrire « déchargez-vous sur lui de tous vos soucis, car il est suffisamment puissant pour agir » ou « car il connaît la réponse à vos problèmes ». Ces deux affirmations sont tout aussi vraies que ce qu'a écrit Pierre, mais je suis heureux que Pierre ait écrit ce qu'il a écrit. C'est un peu comme s'il disait : « Bien sûr, il est assez puissant et intelligent pour connaître nos problèmes et agir. Il ne serait pas Dieu si ce n'était pas le cas. Toutefois, ce que l'on veut savoir, c'est s'il se soucie assez de nous pour nous aider. Et c'est le cas. »

Dieu prend vraiment soin de nous. Dans tous les domaines de nos vies, en dépit de ce qui pourrait arriver, nous pouvons trouver de nombreux signes que Dieu prend soin de nous – si nous prenons la peine de les chercher. Dieu prend soin de nous parce qu'il est vraiment bon. Se concentrer sur ces vérités et méditer sur les nombreuses manifestations de sa bonté n'enlèveront pas complètement la douleur et les doutes, mais cela peut sans aucun doute aider ceux qui souffrent à se sentir à l'aise avec Dieu. Et c'est plus important que vous pourriez le croire !

5

Dieu nous dissimule l'avenir

En dépit de tous ces encouragements au sein de l'affliction, la question lancinante demeurait : comment cela avait-il pu nous arriver ? Après tout, il ne s'agit pas uniquement du fait que ma femme est chrétienne et qu'elle a dédié sa vie au service du Seigneur. La question à savoir pourquoi cela devait lui arriver est particulièrement perturbante parce que cela ne peut pas constituer un châtiment divin pour un péché qu'elle aurait commis pendant sa vie. Il avait été décidé dès sa conception qu'elle serait atteinte de cette maladie !

Être en colère contre le péché

En réfléchissant à cela, je me suis souvenu d'une vérité biblique impopulaire mais très importante : ces choses arrivent parce que nous vivons dans un monde déchu. Dieu a dit à Adam et Ève que s'ils lui désobéissaient, ils mourraient (Ge 2.17). Ils ont désobéi et la malédiction est tombée sur eux. L'apôtre Paul nous rappelle qu'elle est tombée sur chacun de nous également (Ro 5.12). On peut le dire d'une autre façon : le péché d'Adam et ses conséquences ont été imputés ou « attribués » à l'humanité entière. Si les gens meurent, ils doivent néanmoins mourir de quelque chose. Les causes de décès possibles sont nombreuses, et la maladie est l'une d'entre elles. Quand on prend conscience de cela, on comprend que, bien que ma femme n'ait commis aucun péché précis après sa naissance qui ait causé cette maladie, cela s'est produit en fait à cause de son péché en Adam – bien qu'elle ne soit pas plus ni moins responsable que chacun d'entre nous. Évidemment, ce n'est pas la pensée la plus réconfortante qui soit, mais c'est un sérieux rappel que cela n'est pas la faute de Dieu, mais la nôtre. Et Dieu nous avait prévenus.

La leçon principale à tirer de ceci, cependant, concerne la gravité du péché et la nécessité de le haïr. Peu après avoir appris la nouvelle de la maladie de Pat, j'ai reçu une lettre de condoléances plutôt étrange de la part d'un ami qui enseignait dans un autre séminaire. Après avoir exprimé sa tristesse par rapport à la nouvelle, il avait écrit : « Je ne peux imaginer à quel point tu dois être furieux contre le péché en ce moment. » Honnêtement, j'ai trouvé que c'était une façon assez étrange de consoler quelqu'un. Je savais que le péché était en dernière place sur la liste des choses contre lesquelles j'étais en colère, si même il en faisait partie.

Et pourtant, en réfléchissant au message de mon ami, je me suis rendu compte qu'il avait entièrement raison. Ce genre d'événements tragiques se produisent parce que nous vivons dans un monde déchu. Nous pouvons penser que nos péchés sont anodins. Toutefois, quand on reçoit un diagnostic de maladie mortelle ou quand on se tient devant la tombe d'un être cher – ce qui a été notre cas devant les tombes de ma mère, mon père et mon frère – la gravité du péché nous apparaît clairement. Dieu avait dit que le péché mènerait à ceci, mais tant que quelque chose de semblable n'arrive pas, on ne prend pas cet avertissement avec autant de sérieux qu'on le devrait.

On peut penser que le péché est sans importance, mais ce n'est pas le cas. On peut aussi penser que le châtiment que constituent la maladie, les difficultés et la mort est disproportionné par rapport au crime d'un petit péché. Cela ne fait que souligner à quel point nous sommes loin du point de vue de Dieu sur ce sujet. Étant donné notre relative tolérance à l'égard du péché, un petit péché ne semble pas si grave que cela. Cependant, de la perspective d'un Dieu absolument parfait qui n'a aucun lien avec le péché, c'est atroce.

Considérez cette analogie. Si vous êtes parent, vous savez que lorsque votre enfant est né, il était complètement sans défense et dépendant de vous en toute chose. Vous l'avez élevé et avez pourvu à ses besoins. Vous l'avez profondément aimé et vous avez manifesté cet amour de bien des manières. Tout ce que vous demandez en retour, c'est que votre enfant obéisse à certaines règles simples. Que ressentez-vous quand il désobéit ? Le fait de tant recevoir de vous et de refuser ensuite de suivre quelques règles ne vous apparaît-il pas comme le summum de l'ingratitude ? Assurément, sa désobéissance paraît bien plus grave à vos yeux qu'aux siens. À combien plus forte raison Dieu doit-il être peiné quand nous lui désobéissons, lui qui nous a tant donné et qui nous maintient en vie minute après minute ! De notre point de vue, le péché n'est pas si grave, mais quand on se place du point de vue de Dieu, nous devrions prendre conscience que nous avons besoin d'avoir un autre regard sur le péché.

Mon ami avait raison. Si nous adoptons la perspective de Dieu, nous devons haïr le péché. Quand nous voyons où le péché nous mène en fin de compte, nous commençons à comprendre combien sa gravité est grande et combien plus nous devrions lui résister. Je ne peux pas dire que cela réconfortera la plupart d'entre nous, mais cela peut nous aider à rediriger correctement notre colère. Cela peut aussi nous aider à nous sentir mieux avec Dieu en nous faisant voir que nous sommes ultimement responsables de ces choses. Dieu nous avait avertis, mais *nous* n'avons pas écouté. Remercions Dieu de ce que, dans nos difficultés présentes, *il* écoute, pardonne et restaure !

S'aider en aidant les autres

D'autres choses m'ont aussi aidé à affronter notre situation. J'ai mentionné plus haut que j'avais plusieurs problèmes somatiques et que le stress causé par l'annonce de la maladie de ma femme n'avait fait qu'empirer les choses. En quelques mois, j'avais de fortes douleurs et je n'étais plus utile à qui que ce soit. Je n'avais plus ni l'endurance physique pour prêcher ni l'énergie pour donner mes cours. Je n'avais pas seulement l'impression que notre situation était sans issue et désespérée, mais aussi que j'étais inutile et que j'aggravais la situation en réclamant une attention qui aurait dû être portée ailleurs. Comme de nombreuses personnes, mon estime personnelle est liée en grande partie à mon travail et à ma productivité. Le fait d'être à peine capable de fonctionner a renforcé mon sentiment de désespoir.

Au sein de ce dilemme, Dieu m'a donné des occasions d'aider d'autres personnes. Cela m'a permis de diriger mon attention sur les besoins de quelqu'un d'autre et non sur nos problèmes. Bien plus, cela m'a montré que je pouvais encore être utile. Alors que je regagnais progressivement des forces et que j'étais en mesure de faire plus de choses, je suis devenu de plus en plus reconnaissant d'être capable de faire quelque chose, et a fortiori d'aider ceux qui avaient manifesté tant d'amour et de bienveillance envers nous.

Si vous êtes en proie à quelque affliction, dans la mesure de vos capacités, cherchez des moyens d'aider les autres. Détourner son regard de ses propres problèmes et prendre conscience à nouveau qu'on peut être utile aux autres a des vertus thérapeutiques. Cela a contribué en partie à me décharger de mes fardeaux et m'a montré que lorsque d'autres personnes, y compris ma famille, ont besoin de moi, Dieu me rend capable de leur venir en aide.

Que faire maintenant ?

Après des mois de profonde tristesse et après avoir vécu une certaine guérison, j'ai commencé à me demander comment j'allais finalement répondre à nos problèmes. J'ai commencé à évaluer les choix possibles. Allais-je continuer à me lamenter et perdre pied ? J'avais déjà fait cela, et ça n'avait rien résolu. Ma manière de penser n'avait pas beaucoup évolué et je ne rendais service à personne. J'en ai conclu que cette approche n'allait en aucune façon régler nos problèmes. Ma femme avait encore besoin d'un mari, mes enfants d'un père et mes étudiants d'un professeur ; m'effondrer ne répondrait à aucun de ces besoins. Cette option semblait être une impasse. Comme le disent les Écritures, il y a un temps pour se lamenter (Ec 3.4), mais ensuite, il faut reprendre le cours de sa vie.

Une autre option consistait à reprendre le cours de ma vie, mais à en exclure Dieu. De nombreuses personnes choisissent cette option devant l'affliction. Soit elles en concluent que Dieu n'existe pas, soit elles décident qu'il existe, mais qu'elles vont s'opposer à lui. Je ne pouvais accepter ni l'un ni l'autre. Même si des résidus de colère contre Dieu étaient toujours présents, j'avais vu bien trop de preuves de son œuvre dans ma vie pour douter de son existence. Consacrer ma vie à répandre l'idée que Dieu n'existe pas ou qu'il est indifférent à nous n'avait aucun sens. Je pouvais sans aucun doute utiliser ma vie de manière plus productive.

Rejeter l'existence de Dieu ne me satisfaisait absolument pas, mais choisir de m'opposer à lui ne valait pas mieux. La bonté manifestée par Dieu tout au long de ma vie – y compris dans les circonstances présentes – ne pouvait justifier que je me détourne de lui. De plus, il est insensé de choisir un combat qu'on ne peut pas gagner. En outre, il est plus qu'insensé de s'opposer à quelqu'un qui, loin d'être la cause de nos problèmes, en est en fait la seule solution possible.

Une autre option était de faire le pas de foi dont parle Kierkegaard et de croire que, d'une manière ou d'une autre, tout cela avait un sens, même si j'étais incapable de l'expliquer. En d'autres mots, je pouvais simplement ignorer et court-circuiter mon intellect, et me jeter dans les bras de Dieu en espérant qu'il soit là. Certains peuvent trouver cela attirant, mais ce n'était pas une option viable pour moi. Il n'est pas dans ma nature de sacrifier aussi totalement l'intellect. Tant que mon esprit ne serait pas apaisé, les questions et l'agitation demeureraient. Je ne m'attendais pas à trouver toutes les réponses, mais je savais que je devais en trouver plusieurs.

La seule véritable option pour moi était claire – continuer à faire confiance à Dieu et à l'adorer, et reprendre le cours de ma vie. Il fallait que je mette fin à cette profonde tristesse qui semblait interminable et que je permette à la guérison émotionnelle de se poursuivre. Il fallait que je me concentre sur les réponses qui pouvaient contenter les aspects émotionnels de ma lutte et qui fourniraient en même temps des réponses suffisamment intellectuelles pour assurer ma tranquillité d'esprit. J'ai pris conscience que je ne pouvais pas attendre de recevoir toutes ces réponses avant de reprendre le cours de ma vie, parce que trop de personnes avaient besoin de mon aide et qu'il fallait que je la leur accorde.

Quand j'ai commencé à adopter cette approche pour mes problèmes (à un moment donné, nous devons tous décider de quelle manière nous allons répondre à nos problèmes), je me suis concentré davantage sur les choses positives que j'ai déjà mentionnées. Le processus de guérison et d'adaptation est toujours en cours aujourd'hui, comme il le sera pour le restant de mes jours. De temps à autre, je me débats avec ces questions, mais plus généralement, je suis triste et abattu quand je constate que la maladie de Pat s'aggrave et qu'une grande part d'elle s'est déjà éteinte. Que quelqu'un puisse être physiquement présent sans être pour autant vraiment présent est à la fois incroyable et bouleversant. La présence de son absence continue d'être très douloureuse !

Malgré l'intensité de cette douleur, Dieu m'a permis de fonctionner à nouveau. Une autre chose qui m'a aidé à gérer notre situation a été de me rendre compte que, malgré nos plus grands souhaits et nos meilleures intentions, bien peu d'entre nous peuvent contrôler parfaitement les circonstances dans lesquelles ils vivent et œuvrent. Élie ne le pouvait pas, et Jérémie, Daniel ou l'apôtre Paul non plus. Quand le malheur frappe, on doit, à un moment donné, affronter une décision cruciale : soit laisser la tragédie nous détruire, auquel cas nous n'accomplissons plus rien d'utile pour personne, y compris pour nous-mêmes ; soit choisir de vivre pour Dieu en dépit des circonstances. Et cela revient, d'une certaine manière, à faire avec la donne que la vie nous a distribuée et tirer le meilleur parti d'une situation difficile. L'apôtre Paul est un excellent exemple de la manière de faire cela. Mettez Paul une fois en prison et il convertit le geôlier à Christ. Remettez-le en prison et il écrit des lettres fondamentales aux Églises grandissantes (Éphésiens, Philippiens, Colossiens, Philémon), des lettres qui font partie du Nouveau Testament ! De la même façon, pour moi, la seconde option constitue le seul choix sensé, et il implique que je continue à faire confiance à Dieu en dépit des circonstances.

Dieu dissimule l'avenir pour qu'on lui fasse confiance

Dieu n'a pas seulement été là lors du choc de la terrible nouvelle. À divers moments le long du chemin, quand j'étais prêt à les entendre, il a donné d'autres paroles de réconfort, d'encouragement et d'éclaircissement. Une de ces paroles provient de ce qui peut sembler être une étrange source de réconfort : un passage de l'Ecclésiaste. La leçon à en tirer est que Dieu nous dissimule l'avenir pour que nous soyons obligés de lui faire confiance. Le texte dit :

> Regarde l'œuvre de Dieu : qui pourra redresser ce qu'il a courbé ? Au jour du bonheur, sois heureux, et au jour du malheur, réfléchis : Dieu a fait l'un comme l'autre, afin que l'homme ne découvre en rien ce qui sera après lui (Ec 7.13,14).

Le contexte de ces versets est important. Les chapitres 6 et 7 de l'Ecclésiaste contiennent une série d'aphorismes ou de proverbes, même s'il n'est pas toujours facile de voir comment ils peuvent aller ensemble. En général, le chapitre 7 se concentre sur les choses qui peuvent sembler indésirables de prime abord, pour montrer qu'elles présentent en réalité un certain avantage. Le chapitre 6 montre que les choses qui semblent bonnes au départ ont aussi un mauvais côté. Le message ultime est qu'on ne peut pas toujours se fier aux apparences et qu'on ne devrait pas croire non plus qu'on peut toujours comprendre ce qui arrive. Si cela est vrai des choses que nous faisons et vivons, c'est d'autant plus vrai de Dieu et de ses voies !

Dans les versets 13 et 14 cités plus haut, l'auteur de l'Ecclésiaste met l'accent sur la puissance souveraine de Dieu. Certains pensent que la question rhétorique « qui pourra redresser ce qu'il a courbé ? » signifie que si Dieu suscite quelque chose que nous considérons comme mauvais, nous ne pouvons pas le rendre bon (le redresser). En d'autres termes, nous ne pouvons pas contrarier la puissante main de Dieu. Si cette interprétation s'accorde certainement avec le verset 14 et ce qu'il enseigne sur le fait que Dieu provoque l'adversité, je pense que le point de l'auteur est encore plus général.

C'est-à-dire que, tout comme personne ne peut redresser ce que Dieu courbe, personne ne peut courber ce qu'il redresse. Personne ne peut contrarier ce que Dieu fait, peu importe ce que c'est ; l'homme doit simplement se soumettre à la providence de Dieu.

Tout cela indique que l'adversité et la prospérité sont toutes deux dans la main de Dieu. D'ailleurs, le sage de l'Ecclésiaste le confirme au verset 14. Dieu envoie à la fois le bonheur et le malheur. Il nous dit d'être heureux dans les bons jours, ce qui peut sembler étrange dans la mesure où la plupart des gens ont tendance à être heureux dans les temps de prospérité. Toutefois, l'injonction à être heureux est très sensée. Certaines personnes ne s'autorisent qu'un temps limité de prospérité avant de commencer à s'inquiéter pour l'avenir. C'est un peu comme s'ils comptaient le nombre de bonnes choses qui leur arrivent, parce qu'ils croient qu'on ne peut avoir de la « chance » que pendant un certain temps avant que la « malchance » n'arrive. C'est comme s'ils pensaient que plus les choses vont bien, plus elles « s'emmagasinent » et retardent quelque désastre majeur. Plutôt que de profiter des bénédictions présentes, ils s'inquiètent de savoir à quel point ils seront frappés quand le bon temps prendra fin. Bien sûr, personne ne sait vraiment ce qui arrivera par la suite, donc toute cette inquiétude au sujet d'un avenir mauvais pointant à l'horizon est inutile. De même qu'il est vrai que des choses qui avaient mal commencé peuvent bien se terminer et vice versa, il est aussi vrai que quand les temps nous sont favorables, ils peuvent très bien être suivis d'autres temps favorables. Même si ce qui nous attend ensuite est la souffrance, pourquoi perdre la jouissance du présent ? Le sage nous dit donc d'être heureux. Ne laissez pas le mal qui peut ou non être imminent anéantir le bonheur de l'instant présent.

L'auteur nous dit ensuite qu'au jour du malheur, nous devrions « réfléchir ». Il ne dit pas qu'au jour du malheur, nous devrions être tristes. Il n'a pas besoin de le faire, cela vient naturellement. Nous devrions plutôt réfléchir. Mais à quoi devrions-nous réfléchir ou songer ? Nous devrions réfléchir à ce qui s'est passé, à l'alternance du bonheur et du malheur et prendre conscience que personne ne sait quand l'un ou l'autre viendra. En fait, ce qui semble bon peut s'avérer mauvais, et vice versa. Les choses ne sont pas toujours ce qu'elles semblent être. Ce à quoi nous devrions réfléchir le plus, c'est que Dieu a fait à la fois le jour du bonheur et le jour du malheur, et qu'il les assemble dans nos vies de telle manière qu'il nous est impossible de savoir ce qui se passera dans l'avenir.

Est-ce bien là ce que dit le passage ? Absolument, car l'auteur dit que Dieu assemble les événements de nos vies de telle manière « que l'homme ne découvre en rien ce qui sera après lui » ; cela signifie que Dieu structure nos histoires personnelles d'une manière qui dissimule l'avenir. Pourquoi nous dissimule-t-il l'avenir ? Je me suis débattu avec cette question, et il n'y avait qu'une seule réponse sensée (bien qu'elle ne soit pas précisée dans le texte). Si nous ne savons pas ce qui arrivera dans l'avenir, la seule option que nous ayons est d'attendre que le Seigneur nous révèle ce qui viendra ensuite et de lui faire confiance pour notre avenir. Il se peut que nous voulions changer ce que Dieu fera, mais le verset 13 nous rappelle que nous ne le pouvons pas. Nous devons nous soumettre à sa providence et simplement lui faire confiance. Si nous connaissions en détail notre avenir, nous pourrions croire que nous pouvons le manipuler et le contrôler sans compter sur Dieu. En bref, nous pourrions penser qu'il n'est pas nécessaire de faire confiance à Dieu.

Dieu dissimule donc l'avenir pour que nous soyons obligés de lui faire confiance. Vous comprenez combien cette vérité correspond bien à la situation de ma famille. Elle n'était pas seulement pertinente avant que nous apprenions la nouvelle qui était disponible depuis si longtemps et pourtant inconnue de nous ; elle s'est avérée pertinente quand nous avons dû affronter l'évolution de cette maladie et que nous avons réfléchi à l'avenir de chacun de nos enfants.

Toutefois, en réfléchissant à cette vérité, j'ai été troublé à nouveau. Si Dieu garde le secret sur notre avenir pour que nous lui fassions confiance, cela signifie-t-il que Dieu manipule les gens et les événements pour nous amener à l'aimer et à lui faire confiance ? Est-il possible qu'il n'ait pas d'autres moyens d'obtenir notre confiance et qu'il arrange donc les choses pour nous forcer à nous confier en lui ? Si c'est le cas, il n'est pas un Dieu digne de louange et d'adoration ! Et il n'est pas un Dieu bon non plus ! Il est un Dieu sournois et manipulateur qui nous a créés uniquement pour son propre intérêt et qui ne se soucie pas vraiment de nous en fin de compte.

En y réfléchissant de manière plus approfondie, je me suis rendu compte que Dieu n'est pas un Dieu méchant du tout. En dissimulant l'avenir, Dieu nous amène bien à lui faire confiance, mais c'est de la compassion et non de la manipulation ! Cela manifeste sa compassion de nombreuses manières.

Connaître en détail notre avenir nous serait probablement nocif. Supposons que notre futur soit favorable. Nous serions sans doute soulagés, mais le bonheur de la découverte disparaîtrait. Ce qui devrait être formidable au moment où cela se produit perdrait l'aspect exaltant de la surprise. Nous pourrions même nous ennuyer et la joie de l'attente disparaîtrait. Imaginez qu'une année lorsque vous étiez enfant, vous ayez su exactement ce que vous alliez recevoir pour Noël, alors que vos parents pensaient que vous ne le saviez pas. Cela ne gâcherait-il pas la joie de la découverte au moment d'ouvrir vos cadeaux la veille ou le matin de Noël ? Une partie du plaisir que l'on ressent à Noël ne réside-t-elle pas dans le fait que, jusqu'à ce que les cadeaux soient ouverts, tout semble possible – que l'on peut imaginer une infinité de merveilleux cadeaux nous attendant ? Par contre, si on sait d'avance ce qu'on recevra, cela enlève en grande partie la joie de s'attendre à quelque chose de nouveau et d'inconnu. Et puis, si vos parents pensent que vous ne savez pas ce que vous recevrez, vous devez feindre la surprise en ouvrant vos cadeaux, même si vous savez depuis longtemps ce que cache l'emballage. Certains parmi nous ne sont tout simplement pas des acteurs assez doués pour cela !

Le fait de révéler un avenir favorable pourrait aussi nous rendre prétentieux dans notre relation avec Dieu et ce ne serait pas une bonne chose. Si nous savons que notre avenir sera radieux, nous pouvons en conclure que nous n'avons pas besoin de nous appuyer sur Dieu, alors que nous en avons clairement besoin. Et nous pouvons aussi très rapidement négliger le présent et devenir impatients de vivre le futur alors que nous attendons qu'il se réalise. Cela nous arrive parfois même quand on ignore les détails de l'avenir. Quand on se projette dans les prochaines vacances passionnantes, on s'irrite plus facilement des circonstances présentes. Fondamentalement, on néglige le bien qui nous arrive maintenant et on perd le présent. Cela est regrettable parce que Dieu peut avoir une œuvre importante à nous faire faire maintenant et de grandes bénédictions à nous donner dans le moment présent également.

D'un autre côté, supposons que notre avenir soit mauvais. À moins que le Seigneur ne revienne avant pour son Église, les Écritures et le bon sens nous enseignent que la fin ultime de notre vie à tous sera la mort et que la mort est un mal. Si nous connaissions à l'avance les circonstances de notre mort ou si nous savions quels malheurs nous atteindront en cours de route, nous pourrions être complètement horrifiés, paralysés par la peur et incapables d'agir. Nous cacher l'avenir, c'est faire preuve de compassion, parce que nous pourrions être terrifiés si nous connaissions notre futur.

C'est aussi un geste compatissant que de dissimuler un avenir mauvais parce que nous ne devons pas ignorer le présent, ce que nous pourrions être tentés de faire si nous connaissions l'avenir.

Nous risquerions de passer une grande part de notre temps à nous inquiéter ou à nous lamenter de notre malheur à venir. Bien plus, nous pourrions être tentés de penser que nous pouvons, d'une manière ou d'une autre, changer l'avenir pour éviter les malheurs prévus. Bien entendu, cela est impossible, car comme le dit le sage, personne ne peut changer ce que Dieu a décidé. Pourquoi gaspiller le présent à essayer de changer quelque chose qui ne peut être changé ? Si nous gaspillons bêtement le présent, à la fin de notre vie, nous regarderons en arrière en regrettant de n'avoir jamais vraiment vécu.

Comme je l'ai déjà dit, l'un des effets que notre parcours a eus sur moi a été de m'amener à diriger davantage mon attention sur le présent. Je ne veux pas en savoir plus que nécessaire sur notre avenir lointain. En réalité, je suis davantage en mesure de bien réagir à notre situation quand je me concentre sur l'état de santé de ma femme aujourd'hui plutôt que sur l'état dans lequel elle pourrait être dans le futur. Nous ne devons pas être si absorbés par l'avenir que nous passons à côté du présent. Dieu nous a caché l'avenir ; nous devons donc simplement lui faire confiance. En faisant cela, il est compatissant envers nous.

Il fait aussi preuve de compassion en dissimulant l'avenir de notre famille parce que nous ne pourrions pas gérer certaines informations sur l'avenir si nous les avions. Le 4 novembre 1987, j'ai eu un aperçu de l'avenir qui a bien failli m'anéantir. Je suis plus que disposé à présent à aborder l'avenir un jour à la fois. Dans la plupart des cas, Dieu révèle avec compassion les détails de notre avenir au fur et à mesure, et cela est suffisant. Comme le disent les Écritures, « à chaque jour suffit sa peine » (Mt 6.34). Je n'ai pas encore reçu la grâce pour demain, donc je n'ai pas besoin de déjà connaître les malheurs de demain non plus !

6

La grâce, la justice et la souffrance du juste

Malgré toutes les sources de réconfort et d'encouragement, quelque chose n'allait toujours pas. Notre situation semblait fondamentalement injuste. Pour le dire simplement, pourquoi cela nous arrivait-il à nous et pas aussi à d'autres personnes ? N'était-il pas injuste de la part de Dieu de nous demander de porter ce fardeau, surtout quand les épreuves des autres sont bien moins catastrophiques ? Je crois que pour de nombreuses personnes, cela constitue une pierre d'achoppement qui rend leur vie avec Dieu très difficile.

Comprenez-moi bien. Je ne souhaite notre souffrance à personne, mais il semble simplement juste que si d'autres en sont épargnés, nous le soyons aussi. Étant donné que Dieu a gardé d'autres personnes de ce destin, pourquoi ne nous en a-t-il pas gardé également ? Bien entendu, il ne doit rien à personne, mais la justice semble exiger que nous recevions une donne au moins aussi bonne que celle des autres familles.

Je soupçonne que la plupart des gens qui traversent une grande tragédie dans leur vie ont ce genre de pensées à un certain point. Cela a indéniablement été mon cas, mais j'en suis venu à voir que ces pensées comportaient une erreur. Quand les philosophes abordent le concept de la justice, ils font la distinction entre *justice distributive* et *justice égalitariste*. Dans la justice distributive, chacun reçoit exactement ce qu'il mérite. Si vous faites le bien, selon la stricte justice, on vous doit le bien. Si vous faites le mal, selon la stricte justice, vous méritez un châtiment. La justice égalitariste, cependant, donne à tous la même chose, quels que soient leurs mérites ou démérites.

Je voyais désormais la source du problème. Ceux qui souffrent ne pensent pas seulement que la justice distributive exige qu'ils reçoivent un meilleur sort (puisqu'ils pensent avoir fait le bien). Leur plainte est que Dieu devrait utiliser la justice égalitariste dans sa gestion du monde. Nous nous attendons à ce qu'il traite tout le monde de la même manière, et cela signifie que nous devrions échapper à une affliction précise si les autres y échappent ! Sinon, il semble que Dieu soit injuste.

Dès que je me suis souvenu de la distinction entre ces deux types de justice, je me suis demandé pourquoi Dieu serait obligé de distribuer la souffrance et la bénédiction sur la base de la justice égalitariste. Selon les exigences de la justice distributive, les pécheurs ne *méritent* rien d'autre que le châtiment. Pourquoi donc Dieu serait-il dans l'obligation de nous répondre selon l'égalitarisme ? Je ne pouvais répondre à cela. Si Dieu nous traitait selon la justice égalitariste, nous devrions tous vivre la même torture ou tous être bénis de façon égale. Toutefois, ces idées ne correspondent pas au Dieu décrit dans la Bible. Cela m'a énormément aidé de prendre conscience que ma colère provenait en partie de cette conception selon laquelle Dieu doit s'occuper de nous selon la justice égalitariste. Une fois que j'ai constaté qu'il n'est aucunement obligé de le faire, j'ai compris qu'une grande partie de ma colère reposait sur une incompréhension de la manière dont Dieu est censé agir.

Certes, cela n'a pas complètement résolu le problème. Même si Dieu n'est pas obligé de nous donner plus que ce que nous méritons, et même si nous méritons le châtiment pour notre péché, Dieu a tout de même choisi de *faire grâce* à certains. Si vous souffrez à cause d'une affliction, vous avez peut-être l'impression que Dieu devrait vous accorder la même grâce qu'à ceux qui n'ont jamais eu à affronter une épreuve aussi terrible que la vôtre. Il semble donc que Dieu fasse preuve d'injustice en ne vous accordant pas autant de grâce qu'aux autres.

Cette objection est logique et je crois qu'elle était au centre de ce qui me perturbait alors. Elle est malgré tout fausse. La plainte contre Dieu est maintenant passée de l'exigence que Dieu nous traite selon la *justice* égalitariste à l'exigence qu'il nous accorde une *grâce* égalitariste.

Mais c'est une erreur à deux égards au moins. Premièrement, Dieu n'est pas plus obligé d'accorder la même *grâce* à tout le monde qu'il ne l'est d'octroyer une *justice* égalitariste à tous. La seule chose qu'il est obligé de faire est de distribuer à chacun ce qu'il mérite. Deuxièmement, puisque nous parlons de faire grâce, l'accusation selon laquelle Dieu a été *injuste* parce qu'il a donné à quelqu'un d'autre plus de *grâce* (c'est là vraiment ce dont se plaint celui qui souffre) est complètement déplacée.

La grâce est une faveur imméritée. Cela signifie que vous recevez quelque chose de bon que vous ne méritez pas et n'avez pas gagné. Si Dieu ne *doit* aucune grâce à personne (s'il la devait, ce ne serait plus de la grâce, mais de la justice), alors le fait que d'autres reçoivent plus de grâce que moi ne peut pas être *injuste*. Cela ne peut être injuste que si Dieu est obligé de tous nous traiter avec une grâce égalitariste, ce qui n'est certainement pas le cas. En réalité, Dieu n'est pas *obligé* de nous traiter avec un quelconque type de grâce. La grâce exclut l'obligation ! C'est pourquoi elle est grâce et non justice. Ainsi, il ne peut être injuste que quelqu'un reçoive plus de grâce qu'un autre. Si Dieu choisit gracieusement d'accorder à certaines personnes un destin plus favorable qu'à d'autres, il ne fait rien de mal. Nous n'avons aucun droit de formuler des exigences sur la manière dont Dieu accorde sa grâce et sur le moment où il le fait ; si nous le pouvions, cela transformerait la grâce en justice.

Cette distinction entre la grâce et la justice est fondamentale. Beaucoup de personnes semblent penser que la grâce est l'opposé de l'injustice. Donc, quand Dieu ne leur accorde pas sa grâce, elles en concluent que Dieu les a traitées de manière inéquitable. Pourtant, l'opposé de l'injustice, c'est la justice ; la grâce est quelque chose de complètement différent. Pour le dire autrement, la grâce n'est ni équitable ni inéquitable, parce que ces deux termes se rapportent au concept de justice. La grâce n'a rien à voir avec la justice ; c'est une chose complètement différente !

Une des paraboles de Jésus illustre parfaitement cette question du rapport entre la grâce et la justice. Il s'agit de la parabole du maître de maison et des ouvriers dans sa vigne, racontée dans Matthieu 20.1-16. À bien des égards, cette parabole est étrange et difficile à saisir, mais son message concernant le rapport entre la grâce et la justice est extrêmement important. Elle enseigne que Dieu a le droit d'accorder sa grâce comme il veut et quand il veut, et que personne n'a le droit d'envier ceux qui reçoivent la faveur imméritée de Dieu ou de se plaindre que Dieu l'a traité injustement parce qu'il lui a accordé moins de grâce qu'aux autres, voire aucune grâce du tout.

Jésus commence cette parabole en disant qu'elle illustre la façon dont il gère les choses dans le royaume des cieux (v. 1). Jésus dit qu'un maître de maison est sorti tôt le matin pour engager des ouvriers dans sa vigne. Afin de mieux comprendre l'histoire, il est important de savoir que les Juifs découpaient la journée en douze parties, du lever du soleil jusqu'à son coucher. Ainsi, la sixième heure équivaudrait à midi, la troisième, à 9 heures, la neuvième à 15 heures et la onzième à 17 heures, juste avant la fin du travail. Le maître de maison a accepté de payer ceux qu'il avait engagés en premier dans la journée un denier pour toute la journée de travail, et il les a envoyés travailler (v. 2). Selon les versets 3 à 5, il a engagé d'autres ouvriers à 9 heures, à midi et à 15 heures (les troisième, sixième et neuvième heures). À chaque fois, il leur a dit d'aller travailler dans la vigne et leur a promis qu'il leur donnerait ce qui est raisonnable. Il n'a pas dit quelle somme d'argent il entendait par « raisonnable », mais en substance, il leur a promis de faire ce qui est juste. Environ une heure avant la fin du travail, il a vu d'autres ouvriers qui n'avaient pas travaillé du tout ce jour-là, et il les a envoyés travailler également (v. 6,7). Le maître de maison n'a donc précisé le montant du salaire promis que dans le cas des ouvriers qu'il a engagés en premier. Tous les autres ouvriers ont accepté de croire que le maître de maison serait juste envers eux.

À la fin de la journée, le maître de maison a dit à son intendant d'appeler tous les ouvriers et de les payer. Il a toutefois stipulé que l'intendant devrait payer en premier lieu ceux qui avaient été engagés en dernier et qu'il paie ensuite les autres en allant des derniers aux premiers engagés. Ce n'est qu'en formulant la parabole de cette manière que nous pouvons entendre la réponse des ouvriers engagés en premier et ce n'est qu'après avoir donné leur réponse que Jésus peut tirer la conclusion de sa parabole.

Combien le maître de maison a-t-il payé les ouvriers engagés plus tard dans la journée ? La justice semble imposer qu'il les paie moins que ceux engagés tôt dans la journée. Pourtant, ce n'est pas ce qu'il a fait. Il a donné un denier aux ouvriers engagés en dernier (v. 9). En fait, il a accordé un denier à tous les ouvriers engagés durant la journée. Quand ceux qui ont été engagés en premier ont vu que ceux engagés en dernier recevaient un denier, ils ont dû métaphoriquement se lécher les babines en s'attendant à un bonus. Après tout, si ceux qui n'avaient quasiment rien fait ont reçu un denier, ceux qui avaient travaillé toute la journée devraient recevoir plus, ou du moins, c'est ce qu'ils en ont déduit. L'intendant a cependant donné aux ouvriers engagés en premier dans la journée exactement le même salaire qu'aux autres, à savoir un denier chacun (v. 10).

Les ouvriers engagés en premier étaient furieux ! Ils avaient fait la plus grande partie du travail. Ils avaient travaillé dur au moment le plus chaud de la journée, et pourtant, ils n'ont pas reçu un salaire plus élevé que ceux engagés à peine une heure avant la fin de la journée. Cela leur semblait complètement injuste, et ils se sont plaints auprès du maître de maison de ce qu'il avait fait. Assurément, ils auraient dû recevoir plus que les autres ouvriers.

La réaction de ces ouvriers est typique de la nature humaine. Quelqu'un reçoit une meilleure donne que nous dans la vie, et c'est injuste. Nous ne pouvons supporter que d'autres prospèrent quand ce n'est pas notre cas, surtout si nous pensons que nous sommes aussi bons qu'eux ou que nous avons travaillé aussi dur – voire plus dur – qu'eux. Nous nous lamentons en pensant que s'il y avait une justice dans ce monde, nous devrions réussir et être bénis au moins autant que les autres.

Les versets 13 et 14 décrivent la réponse du maître de maison. Il a répondu qu'il n'avait rien fait de mal en traitant de cette manière les ouvriers engagés en premier. N'avait-il pas convenu avec eux de les payer un denier pour une journée de travail ? Bien sûr que si (v. 2) ! Ils ont accompli le travail et il les a payés. La justice dit que vous payez exactement ce que vous devez. Le maître de maison s'était mis d'accord avec les ouvriers. Ils ont rempli leur part du marché, et lui aussi. Il leur a donné exactement ce qu'il avait promis ; ils n'avaient aucune raison de se mettre en colère, parce qu'il les a traités équitablement.

Au verset 15, nous lisons que le maître de maison leur a ensuite posé une question cruciale : « Ne m'est-il pas permis de faire de mon bien ce que je veux ? » S'il souhaitait donner à ceux engagés plus tard dans la journée exactement la même somme qu'à ceux engagés en premier, n'avait-il pas le droit de le faire ? Le problème ici ne réside-t-il pas dans le fait que les ouvriers engagés en premier étaient jaloux de ceux qui semblaient obtenir une meilleure affaire qu'eux (v. 15) ? C'est en effet le cas. Le maître de maison a été généreux envers les autres ouvriers (il leur a accordé une grâce). Les ouvriers engagés en premier demandaient en réalité que le maître de maison traite tout le monde avec justice – c'est-à-dire qu'il donne à chacun exactement ce qu'il avait gagné et mérité. Rien de plus et certainement rien de moins. Ou peut-être qu'ils soutenaient de manière implicite qu'étant donné que le maître de maison s'était montré généreux envers les autres ouvriers (il leur a accordé une grâce), il *leur devait* de se montrer gracieux et généreux envers eux également.

Cette dernière phrase est néanmoins déroutante. Repensez à la promesse que le maître de maison a faite à tous les ouvriers, excepté les premiers engagés. Il leur a dit qu'il leur donnerait ce qui était raisonnable, mais il n'a jamais précisé de montant. Sa seule obligation était donc de faire ce qui était raisonnable (juste) envers eux. Le fait de leur donner chacun un denier constituait-il un traitement juste ou légitime ? Oui et non. Oui, parce que si ceux qui ont travaillé moins que la journée entière ont reçu le même salaire que ceux engagés en premier, le maître de maison ne s'est certainement pas montré injuste envers ceux qui ont travaillé moins longtemps. Il a fait pour eux ce que toute personne, sans aucun doute, considérerait comme raisonnable.

D'un autre côté, il ne s'est pas montré juste envers ceux engagés plus tard dans la journée, mais pas parce qu'il s'est montré injuste ! Il s'avère qu'il a décidé d'être plus que juste – il a décidé d'accorder une grâce. En considérant ce qu'il a donné à ceux engagés en premier, il a donné aux autres ouvriers plus que ce qu'ils méritaient ! A-t-il fait du tort à un seul des travailleurs ? Bien sûr que non. Tout ce qui était dû a été payé. Dans certains cas, à cause de sa bonté, il a toutefois donné bien plus que ce qui était dû. Il est bien de ne pas donner exactement ce qui est dû, pourvu qu'on ne donne pas *moins* que ce qui est dû. Le maître de maison a donné à la plupart des ouvriers plus que ce qu'il leur devait. Ce n'est ni de la justice ni de l'injustice. C'est de la grâce ! Qu'y a-t-il de si mal à donner à certaines personnes exactement ce qu'elles méritent (la justice) tout en accordant à d'autres plus que ce qu'elles méritent (la grâce) ? Après tout, le maître de maison n'avait-il pas le droit de faire ce qu'il voulait de son argent ? À qui appartenait l'argent (la grâce) de toute façon ?

L'attitude du maître de maison envers ceux engagés en premier était donc équitable (juste), parce qu'il leur a donné exactement ce qu'il avait promis et ce qu'ils avaient gagné. Et pourtant, le maître de maison ne leur *devait*-il pas quand même plus, d'une certaine manière, vu qu'il a donné aux ouvriers engagés en dernier plus que ce qu'ils méritaient ? Absolument pas, et c'est là le point crucial. Il ne leur devait pas plus parce que la *grâce* n'est *jamais* due ! La grâce et la justice sont deux choses totalement différentes, voyez-vous. Les ouvriers engagés en premier dans la journée étaient jaloux de la grâce accordée aux autres ouvriers. Ce que Jésus veut dire, c'est qu'ils n'avaient aucune raison d'être en colère contre le maître de maison ou d'envier les autres ouvriers. Il était mesquin de leur part d'envier aux autres ouvriers la grâce qu'ils ont reçue et de penser que le maître de maison était injuste parce qu'il leur *devait* plus. La grâce n'est jamais *due* à personne. On ne peut donc pas légitimement accuser Dieu de n'avoir pas fait quelque chose qu'il aurait dû faire quand quelqu'un d'autre reçoit une grâce que nous n'avons pas reçue !

Jésus a conclu cette parabole en affirmant qu'elle montre que les derniers seront les premiers et que les premiers seront les derniers. Que veut-il dire ? Nous devons interpréter cela dans le contexte de la discussion entre Jésus et ses disciples rapportée à la fin du chapitre 19 (v. 16-30). Jésus venait tout juste de dire à un jeune homme riche quel était le prix à payer pour être son disciple. Cela impliquait de vendre ses biens terrestres, de donner aux pauvres et ensuite, de suivre Christ. Les disciples ont été très troublés par ces paroles. Pierre a dit au Seigneur que lui et les autres avaient tout quitté pour suivre Christ ; qu'est-ce que Dieu ferait pour eux ? Jésus a répondu que ceux qui abandonnent leurs biens terrestres et quittent leurs familles recevront une place de premier plan dans le royaume quand le Christ régnera. Leur sacrifice ne peut être plus grand que ne sera la bénédiction de Dieu. Toutefois, Jésus leur a rappelé que plusieurs des premiers seront les derniers, et plusieurs des derniers seront les premiers.

Dans ce contexte, Jésus a ensuite raconté la parabole du maître de maison et des ouvriers dans sa vigne. À la fin (Mt 20.16), Jésus a répété ce point : les derniers seront les premiers, et les premiers seront les derniers. Cela paraît étrange, mais dans le contexte de la parabole, je crois que c'était très pertinent. Si notre place dans le royaume est fondée sur des choses telles que nos biens terrestres, notre renommée ou notre réussite, alors ceux dont le curriculum est le plus impressionnant auront la plus grande autorité dans le royaume. Néanmoins, si Dieu accorde les privilèges et la place dans le royaume en se basant sur la magnanimité de sa grâce, alors nos réussites ne sont pas si importantes que cela, et même quelqu'un qui est dernier (socialement, économiquement, etc.) dans cette vie pourra avoir une place de premier plan. Si un Père céleste plein d'amour veut leur accorder une telle grâce, nous n'avons aucun droit d'être offensés ou de nous plaindre !

Je crois que ces grandes vérités s'appliquent à ma situation et à toute instance où quelqu'un a l'impression d'avoir été traité injustement par Dieu parce qu'il n'a pas été exempté des problèmes auxquels d'autres échappent. Dieu n'est pas obligé de me garder de mes épreuves simplement parce qu'il ne vous a pas envoyé les mêmes afflictions. Le fait qu'il vous accorde sa grâce ne signifie pas qu'il s'est montré injuste envers moi. Il ne s'est jamais obligé à m'accorder une telle grâce, donc il n'y a aucune injustice dans ce qu'il a fait (ou n'a pas fait). Je n'ai aucun droit de penser qu'il s'est montré injuste ou inéquitable envers moi en me refusant une grâce, car être injuste signifierait qu'il ne m'a pas donné la grâce qu'il me devait ; or, la grâce (la faveur *imm*éritée) n'est *jamais due* à qui que ce soit. Et je n'ai aucun droit de vous envier quand Dieu vous accorde une grâce qu'il m'a refusée, parce qu'il a le droit de faire ce qu'il veut de sa grâce.

Plutôt que d'envier la grâce que les autres reçoivent, je devrais être reconnaissant qu'ils reçoivent une grâce. Je ne serais certainement pas heureux de voir Dieu retenir sa grâce afin que d'autres soient frappés de la même tragédie que la nôtre. De plus, nous devons tous faire attention de ne pas présumer que parce que Dieu nous a refusé une grâce *particulière*, il nous a refusé *toute* grâce. Il y a trop d'exemples dans ma vie de la faveur imméritée de Dieu envers moi pour que je puisse penser cela. La femme et les enfants merveilleux que Dieu m'a donnés ne sont que le début de ces bénédictions imméritées.

Ces principes sur la justice et la grâce ne soulageront probablement pas la souffrance causée par l'affliction, mais ils peuvent contribuer à dissiper la colère dirigée contre Dieu. Je les ai trouvés libérateurs, et je me les remémore fréquemment quand je suis enclin à me lamenter de voir Dieu donner aux autres un destin apparemment plus facile que le mien.

Nous pouvons tous apprendre une autre leçon de ces éléments sur le rapport entre la grâce et la justice. Imaginez que ce ne soit plus aux autres, mais à vous que, par grâce, Dieu épargne la souffrance. Ne rejetez pas ceux qui souffrent comme étant moralement et spirituellement inférieurs à vous simplement parce que vous avez reçu une grâce ! Vous n'avez pas reçu cette grâce parce que vous êtes meilleur – si c'était le cas, il s'agirait d'une récompense pour vos actions. Et il ne s'agirait pas de grâce, mais de justice. Nul ne devrait se sentir supérieur pour avoir reçu une grâce, parce qu'il n'a rien fait pour la mériter – c'est pourquoi c'est une grâce.

Quand d'autres ne reçoivent pas la même grâce que vous, devriez-vous vous sentir coupable de ce qu'ils aient reçu une affliction quand vous avez reçu une grâce ? Ces questions ne sont pas simplement théoriques ; elles ont un rapport avec la situation de ma famille. J'ai mentionné plus haut le dilemme concernant le fait de faire passer ou non à nos enfants le test de dépistage de la maladie de Huntington. Ceux qui seront porteurs du gène auront bien entendu des problèmes, mais ceux qui découvriront qu'ils ne sont pas atteints peuvent aussi rencontrer une difficulté. Il n'est pas rare que ceux qui ne sont pas porteurs de la maladie se sentent coupables d'y échapper alors que leurs frères et sœurs sont atteints.

À la lumière de ce que j'ai expliqué, je crois que personne ne devrait se sentir coupable d'échapper à l'affliction. Si ce qui arrive n'est qu'une question de justice – c'est-à-dire si nous recevons tous exactement ce que nous méritons – alors je devrais me sentir coupable si vous souffrez et pas moi. Pourtant, ce n'est pas une question de simple justice. C'est une question de grâce. Si Dieu, dans sa sagesse souveraine, choisit de vous accorder une grâce, ne vous sentez pas coupables comme si vous, ou Dieu, aviez fait quelque chose de mal. Réjouissez-vous et louez-le plutôt pour la grâce qui vous a épargné la souffrance. En outre, soyez plein de compassion envers ceux qui n'y ont pas échappé et faites tout ce que vous pouvez pour les aider à porter leurs fardeaux.

Si c'est vous qui êtes affligés, n'enviez jamais aux autres la grâce que Dieu leur a donnée. Si Dieu, dans sa grâce, vous épargne la souffrance, louez-le et manifestez votre compassion envers ceux qui souffrent. Ne vous excusez pas d'avoir reçu une grâce, et ne recherchez pas l'affliction dans une tentative « d'équilibrer les choses » entre vous et ceux qui souffrent. L'affliction viendra frapper à votre porte bien assez tôt. Louez Dieu pour la grâce qui vous est accordée !

Ces principes concernant la grâce et la justice s'appliquent aussi à bien d'autres domaines de nos vies. Permettez-moi d'en citer deux en lien avec le salut. Parfois, ceux qui critiquent le christianisme se plaignent qu'on dise que Dieu a la puissance pour sauver du péché tous ceux qu'il veut. En réalité, il pourrait tous nous sauver s'il le voulait. On dit pourtant qu'il a choisi de n'en sauver que certains et d'abandonner les autres à la damnation éternelle. Comment le fait d'en sauver seulement certains peut-il être équitable si, comme l'affirment les chrétiens, personne ne mérite le salut ?

Nul besoin de croire en l'élection divine pour savoir que Dieu ne sauve pas tout le monde. Mais les critiques ont-ils raison ? Dieu s'est-il montré injuste dans sa gestion du salut ? Si ces questions sont censées affirmer que Dieu devrait se montrer équitable dans sa manière d'accorder le salut, alors ces personnes invoquent le concept de justice. Toutefois, si le critère du salut est la justice, alors nous avons tous un sérieux problème. Les Écritures et le bon sens nous disent que tous ont péché et sont coupables devant Dieu. Si Dieu décidait de traiter tout le monde selon la stricte justice, personne ne serait sauvé. Toutefois, un Dieu plein de grâce a décidé de sauver certaines personnes en vue d'une vie de communion éternelle avec lui et d'une vie abondante dès maintenant ; aucune des personnes sauvées ne mérite le salut.

Certains se plaindront sans doute du fait que les autres ne sont ni plus ni moins méritants, et qu'ils ne sont pourtant pas sauvés. C'est vrai, mais si nous exigeons que Dieu nous traite selon ce que nous méritons, alors ceux qui ne sont pas sauvés reçoivent leur juste dû. Se plaindre du fait que Dieu doit le salut à ces personnes vu qu'il l'a accordé gracieusement aux autres revient à contraindre la grâce. La grâce ne peut cependant pas être contrainte ; elle est un don gratuit accordé sur la base de la générosité du donneur. Ceux qui ne reçoivent pas la grâce salvatrice ne peuvent se plaindre de rien parce que Dieu n'a pas négligé de faire quelque chose qu'il leur devait.

Ces principes sur le rapport entre la grâce et la justice s'appliquent aussi à un autre point en lien avec la façon dont Dieu donne le salut. Certains d'entre nous ont décidé très tôt de renoncer à bien des choses que le monde considère comme des plaisirs afin de mettre leur confiance en Christ comme Sauveur et de vivre pour lui. Nous l'avons fait non pas parce que nous n'aurions pas apprécié ces plaisirs, mais parce qu'on nous a dit que les chrétiens ne faisaient tout simplement pas ces choses. D'un autre côté, certains acceptent Christ tard dans la vie, certains même en pleine agonie d'une maladie en phase terminale. Certains se sont peut-être tournés vers Christ uniquement après s'être livrés à tous les plaisirs et même tous les péchés que ce monde peut offrir. Pensez par exemple au malfaiteur crucifié à côté de Christ. Il a placé sa foi et sa confiance en Christ alors qu'il était en train de mourir. Et Jésus lui a dit qu'il serait avec lui au paradis le jour même.

J'ai une question pour les lecteurs qui ont connu Christ comme leur Sauveur personnel pendant la majorité de leur vie. Quand vous arriverez au paradis, est-ce que vous direz au Seigneur quelque chose de ce genre : « Seigneur, je suis si heureux d'être ici ! Merci du fond du cœur de m'avoir sauvé ! Mais, Seigneur, il y a quelque chose qui m'ennuie. Ce malfaiteur repentant qui a été crucifié à côté de toi, je ne sais pas ce qu'il a fait pendant sa vie, mais il a fait au moins une chose suffisamment grave pour que cela le conduise à être crucifié. Moi, cependant, il y a bien des choses que j'aurais pris plaisir à faire, mais je m'en suis abstenu pour pouvoir te suivre fidèlement. Vas-tu me dire, Seigneur, que je ne suis pas plus sauvé que ce brigand repentant qui ne s'est tourné vers toi que dans les dernières minutes de sa vie ? Ce n'est pas juste, Seigneur ! Tu devrais le laisser à l'extérieur des murs du paradis pour les cinq cent mille premières années de l'éternité environ (non, ne le jette pas en enfer ; après tout, il a mis sa confiance en toi comme Sauveur). Et ensuite, quand tu le feras rentrer dans le paradis, ne lui donne pas une de ces belles demeures brillantes sur l'Avenue Principale. Mets-le à l'écart ; une cour arrière ou même le garage de quelqu'un lui conviendrait bien. »

Quand vous arriverez au paradis, direz-vous *cela* à Dieu ? Bien sûr que non ! Vous ne serez pas malheureux que d'autres reçoivent la vie éternelle après s'être livrés au péché pendant leur vie, alors que vous avez choisi de vivre une vie d'obéissance à Dieu. Est-ce que vous préféreriez que Dieu ne leur accorde pas sa grâce, et qu'ils passent l'éternité séparés de Dieu, simplement parce qu'ils ont placé leur foi en Christ tardivement dans leur vie ? Bien sûr que non !

N'enviez jamais la grâce que Dieu accorde à quelqu'un. Je suis ravi que notre Dieu soit si patient et plein de grâce envers les pécheurs qu'il laisse la porte du salut ouverte même pour ceux qui l'ont rejeté plusieurs fois avant de se tourner vers lui comme Sauveur. Il n'y a pas de place pour être jaloux de la grâce que Dieu donne aux autres !

Même ceux qui ne connaissent pas Christ comme leur Sauveur bénéficient de sa grâce, sans quoi ils auraient été jugés il y a bien longtemps, ainsi que ceux qui connaissent Christ. Et même si ma famille et moi n'avons pas reçu la grâce qui nous aurait épargné la maladie de Huntington, nous recevons malgré tout sa grâce dans bien des domaines. Ces vérités sur la grâce et la justice ne changent pas en bien les mauvaises choses qui arrivent, mais dans mon cas, les comprendre a permis de retirer un énorme obstacle à ma communion avec Dieu. Il n'a pas refusé de me donner une bonne chose qu'il me devait ! Et je dois ajouter qu'il nous a accordé gracieusement, à ma famille et moi, de nombreuses bénédictions qu'il ne nous devait pas. La grâce n'est pas juste, mais elle n'est pas injuste non plus ! Il s'agit de quelque chose de complètement différent, et je remercie Dieu pour sa grâce !

7

Trompé par Dieu ?

Dans les chapitres précédents, j'ai partagé plusieurs leçons que j'ai apprises à travers nos expériences de vie, ainsi que les choses qui m'ont aidé à gérer notre situation. Mais il restait encore quelques questions soulevées en cours de route qui me perturbaient. Je savais qu'elles continueraient à me ronger tant que je ne les résoudrais pas. Je commence par cette question : peut-on chercher et trouver la volonté de Dieu pour finalement se retrouver dans une situation de grande affliction qu'on avait expressément demandé à Dieu de nous épargner ? Et cela soulève une question théologique intéressante : Dieu nous amène-t-il parfois à faire sa volonté en ne divulguant pas une information qui nous aurait retenus d'entrer dans ladite situation ? Cette question n'a pas qu'un intérêt purement intellectuel. Elle concerne le genre de Dieu que nous avons et que nous servons.

Pendant longtemps, l'un des aspects les plus troublants de notre situation a été la façon dont tout est arrivé. Je sais qu'aucun être humain ne peut contrôler complètement le cours de sa vie. Il semble pourtant que la plupart des gens ont au moins le choix de tirer le meilleur parti de leurs circonstances ou de s'élever au-dessus de leur situation si elle est difficile. C'est particulièrement le cas si vous faites les choix que vous pensez que Dieu vous appelle à faire. Les circonstances que j'ai décrites ne correspondent certainement pas à la vie et au ministère que j'aurais choisis. Comme je l'ai évoqué, il semble que j'avais bien le choix dans ces circonstances, parce que je n'étais pas obligé d'entrer dans le ministère ou d'épouser Pat. Et une fois mariés, nous n'étions pas obligés d'avoir des enfants. Pat et moi avons pris ces décisions. Or, après avoir reçu le diagnostic de la maladie de Pat, il m'a semblé que j'avais fait ces choix sous de fausses prétentions. Je croyais que Dieu me conduisait à choisir une certaine vie, alors que je me retrouvais en fait précisément avec la vie que j'essayais d'éviter. En fait, je me suis retrouvé avec une situation pire que tout ce que j'aurais pu imaginer dans mes pires cauchemars.

Pendant longtemps, j'ai été blessé et angoissé par la pensée que d'une certaine façon, Dieu m'avait amené par la ruse à épouser Pat en dissimulant une information qui aurait pu m'épargner les circonstances actuelles. Il y avait aussi les questions concernant le fait de connaître et de faire la volonté de Dieu. N'était-ce pas vraiment la volonté de Dieu que j'épouse Pat et que nous ayons des enfants ? Avais-je pu me méprendre à ce point sur le plan de Dieu pour ma vie ? Ou bien cela signifiait-il que c'était vraiment la volonté de Dieu que j'épouse Pat, mais que quand on se laisse conduire par Dieu, on peut s'attendre à se faire trahir ? Comment quelqu'un peut-il enseigner la théologie et écrire des livres sur Dieu, et apparemment se tromper à ce point sur la façon dont Dieu agit dans la vie des gens ?

Ces pensées font partie des plus troublantes auxquelles j'ai pu être confronté au fil des années, et elles ont perturbé ma relation avec le Seigneur comme rien de ce que j'avais vécu auparavant n'avait pu le faire. J'ai grandi dans un foyer où dire la vérité était très important. Si notre parole n'est pas digne de confiance, que valons-nous vraiment ? Cela se trouve au cœur même de ma vision et de mon approche de la vie. Il était donc profondément perturbant que Dieu, l'incarnation même de la vérité, semblait m'avoir trompé !

J'avais manifestement besoin de tirer tout cela au clair. Après avoir lutté avec ces questions pendant plusieurs années, et après la disparition de la plus grande partie de ma colère contre Dieu, je suis parvenu à accepter ce que Dieu avait fait et la façon dont il l'avait fait.

Ai-je été trompé par Dieu ? Je crois que j'ai bien été trompé, mais pas par Dieu. Même s'il est difficile d'accepter la responsabilité d'une erreur aussi capitale que celle-ci, je sais maintenant que je me suis dupé moi-même. Étant donné mon passé familial et les circonstances entourant ma rencontre et mon mariage avec Pat, je m'étais imaginé que j'aurais une vie relativement exempte de problèmes. Toutefois, ce n'était pas la seule conclusion possible à tirer du fait que Dieu m'amène à épouser Pat et à fonder une famille. Laissez-moi vous expliquer.

Les problèmes de santé de ma mère, qui ont mis mon père et son ministère à rude épreuve, m'ont amené à conclure que quelqu'un qui s'engage dans un tel ministère serait bien plus à même d'accomplir sa tâche si sa femme et ses enfants étaient en bonne santé. Je savais que Dieu m'appelait à une vie d'études, de prédication et d'enseignement. J'en ai déduit que la personne que Dieu me ferait épouser serait en bonne santé, ou du moins, en assez bonne santé pour ne pas compromettre le ministère que Dieu me donnait. Tout cela semblait assez logique et raisonnable.

J'ai abordé les relations amoureuses et le mariage avec cet état d'esprit, ce qui est naturel. Une personne ayant grandi dans un foyer avec un alcoolique, par exemple, fera sans doute très attention à ne pas épouser un alcoolique. Je savais qu'il ne serait pas impossible d'exercer efficacement mon ministère en ayant une épouse à la santé fragile, parce que j'avais vu mon père le faire. Cependant, cela serait plus facile sans cet obstacle. Dieu le savait, et moi aussi. J'en ai donc conclu que si je faisais attention à ces questions, Dieu ne me conduirait probablement pas à épouser quelqu'un dont l'état de santé pourrait nuire à l'œuvre qu'il m'avait donné à accomplir.

Quand Pat est entrée dans ma vie et que notre relation a commencé à devenir sérieuse, nous avons été très préoccupés par le fait de désobéir à la volonté de Dieu. Ce n'était pas la question de sa santé qui nous inquiétait à ce stade, mais plutôt l'apparente incompatibilité des types de ministères auxquels nous pensions que Dieu nous avait appelés. Dieu a toutefois résolu cette question d'une façon à laquelle nous ne nous attendions pas au départ, nous montrant ainsi que nous pouvions exercer notre ministère ensemble sans aller le moins du monde à l'encontre de sa volonté pour nos vies. La seule autre question concernait la santé de Pat, mais elle était excellente à ce moment-là. Il n'y avait aucun signe précurseur de ce qui allait arriver et on nous a assuré que ce qui était arrivé à sa mère ne serait pas transmis à Pat.

Mon amour pour Pat, ma conviction que je devais avoir une épouse en bonne santé, le fait qu'on m'avait assuré que Pat n'hériterait pas de la maladie de sa mère et les directions claires de Dieu concernant nos ministères respectifs m'ont amené à penser que Dieu voulait que nous soyons ensemble. Même si ce raisonnement est sensé, c'est pourtant un exemple de raisonnement déductif.

Le raisonnement déductif est un raisonnement qui part de faits clairement connus pour arriver à une conclusion qui n'est pas connue, mais que les faits que nous connaissons semblent nécessiter. Par exemple, les Écritures enseignent clairement qu'il n'y a qu'un seul Dieu. Tout aussi clairement, elles mentionnent trois personnes distinctes (le Père, le Fils et le Saint-Esprit) comme étant Dieu. En se basant sur ces vérités bibliques claires, les chrétiens, tout au long de l'histoire de l'Église, ont conclu que la bonne conception de Dieu est celle d'un Dieu trinitaire. Le terme *Trinité* n'apparaît nulle part dans la Bible, et aucun passage ne dit non plus que « Dieu est un dans son essence ou sa nature, mais trois dans les manifestations de cette nature ». Néanmoins, en se basant sur ce que les Écritures enseignent clairement au sujet de Dieu, une telle conclusion doctrinale semble inévitable.

Bien que la déduction de la doctrine de la Trinité soit une déduction naturelle et exacte, et que les évangéliques affirment que les Saintes Écritures enseignent cette doctrine, le raisonnement déductif est malgré tout incontestablement risqué. Par exemple, une personne sceptique pourrait regarder les données bibliques que nous apportons en faveur de la Trinité et ne pas être d'accord avec notre conclusion. Elle pourrait dire que les données présentent non pas un Dieu, mais trois dieux. Et elle pourrait déduire que les passages qui parlent d'un seul Dieu signifient que les trois dieux sont généralement en accord et œuvrent ensemble. Ou bien elle pourrait suggérer que les auteurs qui disent qu'il n'y a qu'un seul Dieu ont tout simplement tort.

Certes, nous dirions que cette personne sceptique a fait une déduction incorrecte à partir des données, mais nous aurions tort de dire qu'il est impossible de faire de telles déductions. Avec exactement la même information, il est possible de tirer plusieurs conclusions.

Considérons un autre exemple. À partir des données fossiles, le scientifique athée conclut que l'évolution est exacte ; mais à partir des mêmes données, un scientifique chrétien trouve un support et une preuve scientifiques de l'existence d'un Créateur. Comment cela est-il possible, étant donné que les « faits » sont les mêmes pour le chrétien et le non-chrétien ? Cela prouve à quel point le raisonnement déductif peut être délicat.

Et il l'était dans ma situation. En se basant sur mon raisonnement concernant la nécessité d'avoir une famille en bonne santé pour être libre d'exercer mon ministère, sur les informations que nous avions à l'époque sur la santé de Pat et celle de sa famille, sur la direction de Dieu concernant nos ministères respectifs et sur l'amour mutuel qu'il avait placé au fond de nous, il était parfaitement logique de déduire que nous devions nous marier et que la santé ne serait pas un obstacle pour nous. Ce que j'en suis venu à comprendre, il y a quelques années, c'est que bien qu'il ait été naturel de faire ces déductions et qu'elles auraient pu être correctes, elles n'étaient pas les seules conclusions possibles en tenant compte des données que nous avions. Les conclusions auxquelles je suis parvenu étaient sensées et elles correspondaient certainement à ce que je voulais qu'il arrive. Toutefois, nos meilleurs scénarios ne correspondent pas toujours à ce que Dieu a prévu pour nous, même quand nous pensons pouvoir monter un dossier rationnel justifiant que les choses se passent conformément à ce que nous voulons.

Où était donc l'erreur dans mon raisonnement ? Dieu m'avait-il réellement trompé ? Ou avais-je par erreur tiré les mauvaises conclusions à partir des informations que j'avais ? Je ne m'étais certainement pas trompé sur mon amour pour Pat ou sur son amour pour moi. Et je n'avais pas tort non plus sur le fait que Dieu voulait qu'on se marie et qu'on exerce notre ministère ensemble. Je n'avais pas toutes les informations que j'ai maintenant sur la santé de Pat, mais est-ce la faute de Dieu ? Il ne pourrait être tenu responsable de ne pas m'avoir donné l'information pertinente que s'il était dans *l'obligation* de me la donner avant le mariage.

Mais qu'est-ce qui pourrait bien soumettre Dieu à une telle obligation ? Pendant longtemps, j'ai pensé qu'il était nécessaire que ma femme soit en bonne santé pour que je puisse accomplir mon ministère et que c'était une raison suffisante pour obliger Dieu à m'informer, d'une manière ou d'une autre, des potentielles menaces planant sur la santé de ma future compagne. Cette conviction m'a amené à déduire, à partir des éléments en ma possession à l'époque, non seulement que je devais épouser Pat, mais aussi qu'elle ne souffrirait d'aucun problème de santé chronique majeur.

En croyant toutes ces choses, je me suis convaincu, à tort, que j'aurais une vie différente de celle que j'ai. Dieu, qui m'avait appelé au ministère et m'avait conduit vers Pat, n'était obligé de m'informer avant le mariage de ses antécédents que si le fait d'avoir une épouse en mauvaise santé me mettait dans l'impossibilité d'accomplir son œuvre. Et en réalité, ce n'était pas le cas. En me basant sur l'exemple de mon père, je savais qu'il était plus facile pour quelqu'un d'engagé dans le ministère d'avoir une famille en bonne santé. Néanmoins, je savais également, en considérant cet exemple, qu'il était *possible* d'accomplir efficacement son ministère même avec une épouse ou des membres de la famille en mauvaise santé. De plus, j'en suis venu à voir que le ministère auquel Dieu nous avait destinés, Pat et moi, est légèrement différent de ce que nous avions prévu et que nous pouvons l'accomplir, pour l'avancement du Royaume, même si Pat souffre de cette maladie grave.

La vérité, c'est que Dieu ne m'avait jamais promis quoi que ce soit concernant la santé de ma femme. J'ai simplement vu ce que je pensais être préférable pour quelqu'un comme moi et j'ai conclu à tort que Dieu le ferait. C'était logique, mais ce n'était pas exact.

J'ai bien été trompé, mais pas par Dieu. Il ne m'a pas menti et il ne m'a pas trompé. Il n'était pas dans l'obligation de m'informer avant le mariage que Pat risquait d'être atteinte de la maladie de Huntington, et encore moins qu'elle le serait.

J'ai beaucoup écrit au sujet d'être trompé par Dieu, pour plusieurs raisons. D'une part, parce que c'est une partie vraiment importante de mon vécu. Mais au-delà de cela, parce que résoudre cette question a été un élément majeur dans la pleine restauration d'une attitude positive envers Dieu. Le fait de régler cette question a résolu un problème intellectuel essentiel qui avait intensifié ma souffrance émotionnelle et spirituelle. Ce qui est arrivé et qui continue d'arriver à Pat est profondément douloureux, mais au moins, ma frustration et ma colère à cause de la situation ne sont plus dirigées contre Dieu. Croyez-moi, un sentiment très désagréable accompagne le fait d'être en colère contre la seule personne qui peut résoudre votre problème. Je remercie Dieu que ce sentiment désagréable et cette colère aient disparu !

J'ai aussi partagé longuement sur cette question dans l'espoir que cela aide mes lecteurs. Même si aucune expérience n'est exactement identique à la mienne, tout le monde doit se rappeler combien il est facile de monter un dossier erroné contre Dieu sur la base de raisonnements déductifs. Avant de regarder les circonstances et d'en déduire que Dieu vous a trompé ou qu'il a fait quelque chose de mal, rappelez-vous que la conclusion que vous tirez n'est peut-être pas la seule possible. Il est plus probable que vous faites une mauvaise lecture des données. Avant d'accuser Dieu pour ce que vous pensez qu'il a fait ou n'a pas fait, étudiez à nouveau les données pour vous assurer que vous les avez interprétées correctement. Assurez-vous que ce que vous avez conclu constitue la seule chose et la chose la plus vraisemblablement correcte à conclure. Si vous y réfléchissez assez longuement, je crois fermement que vous constaterez que Dieu n'est coupable d'aucune faute, et qu'il est possible d'interpréter les données d'une manière qui n'implique absolument pas Dieu dans une quelconque tromperie ou un autre méfait.

Qu'en est-il de l'autre question posée au premier chapitre de ce livre ? Est-il possible de chercher, trouver et accomplir la volonté de Dieu et d'être affligé en retour ? Si par là, nous nous demandons si Dieu peut répondre à notre obéissance en envoyant l'affliction comme une punition, la réponse est clairement non. Dieu n'envoie pas la souffrance comme punition pour avoir fait sa volonté. La Bible insiste amplement sur le fait que celui qui obéit à Dieu ne recevra en retour de sa part que la bénédiction. Le Dieu des Écritures n'est pas un monstre malfaisant qui récompense notre obéissance en nous punissant par la peine et la souffrance.

D'un autre côté, la question est plus large que cela. Bien que Dieu ne nous *punisse* pas en nous affligeant pour avoir obéi à sa volonté, accomplir la volonté de Dieu ne garantit pas qu'aucune affliction ne surviendra quand nous obéissons. Cela peut sembler paradoxal, mais cela ne l'est pas. Dieu n'enverra pas l'affliction comme *punition* pour notre obéissance, mais si nous sommes fidèles au plan de Dieu, Satan ne sera pas content. L'adversaire évacue souvent son mécontentement en affligeant le peuple de Dieu. La vérité est que plus nous sommes au centre de la volonté de Dieu, plus nous conquérons du territoire contre l'ennemi de Dieu. Ainsi, plus nous obéissons à la volonté de Dieu, plus nous pouvons nous attendre à des attaques de Satan contre nous dans son effort pour nous décourager et nous dissuader d'accomplir les desseins de Dieu.

Oui, l'affliction peut parfois survenir quand nous faisons la volonté de Dieu, mais elle ne vient pas comme une punition de Dieu. Cela fait partie intégrante de la vie dans un monde déchu. Les Écritures affirment aussi très clairement que ceux qui suivent Dieu sont en guerre avec ceux qui ne le suivent pas (Ép 6.12 ; 1 Pi 5.8,9). Satan fera de son mieux pour nous attaquer et pour utiliser les mauvaises choses qui arrivent dans un monde pécheur pour nous détruire et anéantir notre foi. Heureusement, le livre de Job nous montre que Satan ne peut rien faire que le Tout-Puissant ne sache, n'autorise et ne contrôle. Nous sommes engagés dans une guerre spirituelle.

Pensons-nous que nous pouvons aller au combat, et même nous retrouver en première ligne, sans jamais être blessés ?

Je pense que c'est justement ce que pensent naïvement beaucoup de chrétiens – si seulement ils pensent au combat spirituel. Je ne m'étais certainement jamais attendu à une blessure semblable à celle que nous avons reçue. J'ai toutefois constaté que cette attente était irréaliste. L'ennemi est bien réel, et il dispose de nombreux moyens pour attaquer ceux qui veulent suivre le Seigneur. Il était impossible de savoir d'avance que nous serions attaqués de cette manière, mais cela ne fait qu'illustrer à quel point Satan est rusé et injuste dans la manière dont il utilise les tragédies pour ébranler la foi du peuple de Dieu ! Attendez-vous à ce qu'il ait recours *à l'attendu et à l'inattendu*. Le fait de savoir qu'il y aura des blessures de guerre ne veut pas dire que les blessures ne seront pas douloureuses, mais cela peut nous aider à évaluer plus précisément ce qui s'est passé. On peut désirer échapper à la bataille, mais cela est impossible. On peut même penser à changer de camp, comme le font de nombreuses personnes devant la tragédie, mais cette option n'est pas la réponse à nos problèmes dans le temps présent ou dans l'éternité. Et il est assurément bien pire de susciter la colère de Dieu que celle de Satan !

8

Vivre avec la mort

D ans les chapitres précédents, j'ai raconté ce qui est arrivé à ma femme dans les années suivant le diagnostic de sa maladie et ce que cela m'a enseigné. Cela fait maintenant plus de vingt-huit ans que nous avons appris qu'elle était atteinte de la maladie de Huntington. C'est une longue période pour vivre avec quelqu'un qui se meurt à petit feu – plus longue encore quand cette personne est l'amour de votre vie et que vous ne pouvez rien faire pour mettre un terme à ce qui lui arrive ! Les mêmes sentiments d'impuissance et de désespoir sont toujours présents, mais ils sont de plus en plus accompagnés d'une solitude qui grandit au fur et à mesure que la Pat que j'ai épousée s'éloigne, lentement et irréversiblement.

J'aimerais pouvoir écrire que ce que j'ai partagé dans les chapitres précédents me donne tout le réconfort et la force dont j'ai besoin pour continuer à avancer. C'est le cas dans une certaine mesure, car au moins, ce que le Seigneur m'a appris au travers de ce qui arrive répond toujours à un grand nombre de questions fondamentales que j'avais quand Pat a reçu le diagnostic de sa maladie. Ces problèmes ne me submergent plus comme avant, mais à mesure que je vois la maladie laisser ses séquelles, la douleur générée par les doutes intellectuels et spirituels est de plus en plus remplacée par la tristesse et la solitude causées par la perte progressive de mon épouse. Bien entendu, je ne peux pas simplement rester sans rien faire, méditer sur ce qui arrive et m'apitoyer sur son sort ou le mien. La dégradation de son état de santé suscite constamment de nouveaux défis, de nouvelles décisions difficiles et de nouvelles déceptions à mesure que nous voyons la maladie me ravir cet être si cher. Dans ce chapitre, je voudrais aborder certaines des choses les plus importantes qui sont advenues ces quinze dernières années.

De partenaire à patiente

Pat et moi sommes mariés depuis maintenant plus de quarante-trois ans. Cela a été une expérience merveilleuse, parce qu'il ne pourrait exister de personne qui me soit mieux assortie ! Très tôt dans notre mariage, j'ai demandé à Pat son opinion sur les problèmes que nous rencontrions. Je le faisais parce qu'un mari est censé consulter sa femme et prendre en considération ses désirs et ses conseils. Bien sûr, j'avais souvent décidé ce que je voulais faire avant même de lui demander son avis, mais je savais malgré tout qu'il était bien de lui demander ce qu'elle pensait. Il n'a toutefois suffi que de quelques occasions pour que je constate que la femme que j'avais épousée faisait preuve d'un bon sens hors du commun. La plupart du temps, nous étions d'accord sur ce qu'il fallait faire, mais je pouvais parler pendant dix à quinze minutes en mettant en avant les pour et les contre d'une question et en expliquant lesquels me semblaient l'emporter. Je m'adressais alors à Pat et lui demandais ce qu'elle en pensait. Étonnamment, chaque fois, elle disait en une ou deux phrases quelque chose de bien plus sensé que tout le verbiage que j'avais produit en présentant les arguments pour chaque option.

Et c'était le cas même quand nous étions d'accord sur ce qu'il fallait faire. Dans les rares cas de désaccord, j'ai toujours trouvé ses conseils extrêmement utiles et la plupart du temps, elle avait raison.

Je partage tout cela parce que cela illustre à quel point, très tôt dans notre mariage, je l'ai considérée comme ma partenaire. Bien sûr, elle avait toutes les qualités que j'avais espéré trouver chez une épouse (et plus encore), mais sa sagesse, son jugement et sa capacité à voir les choses sous des angles que je n'avais pas envisagés ont fait d'elle un proche conseiller. J'en suis venu à la consulter sur toutes sortes de décisions, petites et grandes, sachant que je recevrais un conseil incroyablement sensé et provenant de quelqu'un dont les pensées étaient entièrement motivées par son amour pour moi.

À partir de l'an 2000, l'état de santé de Pat a toutefois changé de façon significative. Jusque-là, les symptômes les plus notables avaient été physiques. De temps en temps, Pat n'arrivait pas à se souvenir de quelque chose, mais c'était rare. Entre les années 2000 et 2004, des changements physiques majeurs sont survenus. Pat a eu de plus en plus de mal à marcher, et nous avons donc dû utiliser le fauteuil roulant davantage. Plusieurs années auparavant, nous avions installé dans notre maison un fauteuil monte-escaliers qui allait du rez-de-chaussée à l'étage. Au départ, Pat avait rarement besoin de l'utiliser pour monter ou descendre les escaliers. Mais petit à petit, il est devenu évident que son état de santé ne lui permettait pas de monter les escaliers en toute sécurité. Sans le fauteuil monte-escaliers, Pat aurait probablement perdu l'équilibre plusieurs fois dans les escaliers.

Trois autres changements majeurs ont eu lieu avant 2004, tous liés à la maladie laissant des séquelles au niveau de ses capacités physiques. Depuis longtemps, Pat avait de plus en plus de difficultés à avaler et à manger de la nourriture normale. En 2001, il a fallu lui poser une sonde gastrique. À l'heure où j'écris ces lignes, cela fait environ dix ans que nous n'avons pas tenté de lui faire avaler de la nourriture, de peur qu'elle ne s'étouffe ou qu'elle n'inhale du liquide dans ses poumons. Au cours de l'année suivante, il a fallu lui poser une sonde à demeure, et à la fin de l'année 2003, Pat a subi une iléostomie, son corps n'étant plus capable d'éliminer correctement les excréments.

À cette époque, elle pouvait encore parler et comprendre la majeure partie des conversations qu'elle entendait. Toutefois, elle avait de plus en plus de mal à traiter mentalement ce qui se disait. Parfois, quand je lui demandais conseil ou que je m'enquérais de ce qu'elle désirait, elle était capable de formuler de manière très utile ce qu'elle pensait. Je constatais cependant que ces aptitudes diminuaient elles aussi.

Je ne voulais pas le regarder en face ou l'admettre, mais je craignais que les besoins de Pat ne finissent par nécessiter un savoir-faire dépassant mes capacités physiques. En attendant, j'étais déterminé à garder Pat à la maison aussi longtemps que possible et à m'occuper d'elle moi-même. Et cela a fonctionné pendant de nombreuses années, même quand il est devenu physiquement difficile de répondre aux besoins générés par la diminution de ses capacités. De façon incroyable, le Seigneur nous a permis de continuer de partir en vacances et de voyager ensemble sur de longues distances (y compris des séjours à l'étranger) pour les besoins du ministère.

Aussi difficiles qu'aient été les exigences sur le plan physique, la chose la plus difficile émotionnellement était que les capacités mentales de Pat avaient régressé au point qu'on ne pouvait plus avoir de conversations comme avant. Je voulais désespérément garder Pat à la maison et prendre soin d'elle, mais vers la fin de l'année 2005, le temps de la placer dans un centre de soins était venu.

Permettez-moi d'affirmer catégoriquement qu'il est vraiment terrible de voir votre partenaire de vie devenir votre patient ! Je ne parle pas de tout le travail que cela implique pour la personne aidante ; certes, c'est un défi, et nous n'avons eu quasiment aucune aide devant les exigences de la prise en charge de Pat. Pourtant, le plus difficile, c'est quand votre partenaire, l'amour de votre vie, avec qui vous avez tout partagé et avec qui vous avez construit votre vie et fondé votre foyer, ne peut plus *fonctionner* comme partenaire. Je ne suis pas médecin et je n'ai aucune formation médicale, mais mon épouse est quand même devenue ma patiente. Les médecins pouvaient donner des conseils et prescrire les traitements pour lutter contre les divers symptômes de Pat, mais la prise en charge reposait sur moi. Et contrairement à tous les autres défis que nous avions rencontrés durant notre mariage, cette fois-ci, Pat ne pouvait m'aider ni en me conseillant ni en accomplissant les actions que son état demandait.

Malheureusement, à cette époque, nos enfants vivaient loin de nous, et étant donné qu'il s'était écoulé tellement de temps depuis le choc initial de l'annonce de la maladie de Pat, nos amis ne pensaient plus trop à nous, sinon pour proposer ponctuellement de prier pour nous. Je pense que, de manière générale, les chrétiens sont disposés à se réunir pour prier et à offrir de l'aide concrète au début de la tragédie. Mais au fil du temps, les personnes affligées semblent gérer la situation, et les amis ont tendance à oublier les besoins continuels. Je pense que c'est dans la nature humaine, et je sais que je tombe dans les mêmes schémas de comportement quand d'autres souffrent et que les mois et les années passent après la crise initiale.

Bien que j'étais submergé par les exigences physiques croissantes de la prise en charge de Pat, je n'étais pas prêt émotionnellement à affronter la prochaine étape. J'ai commencé à rechercher des moyens d'obtenir de l'aide pour prendre soin de Pat à la maison. Le coût des soins à domicile n'est pas négligeable, mais il est nettement inférieur à celui d'une prise en charge en centre de soins. Malheureusement, j'ai bien vite découvert que même s'il est possible d'engager du personnel soignant pour qu'il vienne à domicile, aucune compagnie d'assurance ne paierait pour ces services.

À mesure qu'il devenait clair que Pat allait devoir être placée dans un centre de soins, le Seigneur a pourvu à plusieurs ressources cruciales. En 1995, quand nos fils vivaient encore à la maison et que les aptitudes de Pat commençaient à diminuer considérablement, une pensée assez effrayante s'est imposée à moi : et si je venais à mourir ou si je devenais invalide ? Comment Pat, toute seule, pourrait-elle prendre soin d'elle-même et de nos fils ? Je ne voyais absolument pas comment elle pourrait gérer une telle situation. Il était donc temps de penser à planifier notre succession. Le Seigneur nous a conduits à l'époque vers un très bon avocat. Je lui ai expliqué notre situation et lui ai demandé s'il existait un moyen légal de protéger ma famille et d'éviter que nos biens ne soient engloutis par la maladie de ma femme. Je n'avais pas grand espoir de recevoir une réponse positive. Toutefois, à ma grande surprise, l'avocat m'a expliqué qu'il existait des lois fédérales et des lois d'État qui permettaient aux gens de recevoir de l'aide pour affronter une maladie catastrophique. Ces lois ne nécessitaient pas que la famille du patient investisse tous ses actifs dans la prise en charge de l'être cher. L'avocat m'a expliqué ce qu'il fallait faire et il a rédigé les documents légaux nécessaires.

Il va sans dire que ce premier entretien avec l'avocat a été une surprise – une très bonne surprise. Mais que se passerait-il si Pat avait un jour besoin d'entrer en établissement de soins ? Cela invaliderait-il toutes les démarches légales que nous avions effectuées ? La stratégie établie en 1995 fonctionnerait-elle ? Il était clairement temps, en 2007, de le découvrir, parce que je n'étais plus en mesure de répondre seul aux besoins physiques de Pat.

Je suis retourné voir l'avocat que nous avions rencontré en 1995. J'ai été atterré quand il m'a dit qu'il avait établi des plans de succession pour gérer une maladie catastrophique, mais qu'il n'avait jamais rempli de demande d'aide gouvernementale pour une prise en charge en établissement de soins.

Heureusement, il se trouvait dans mon église un homme qui avait déjà possédé et dirigé un centre de soins dans le nord de l'Illinois. Je lui ai demandé quoi faire. Il connaissait les lois en question ainsi que les établissements de soins dans la zone urbaine de Chicago. Grâce à ses conseils (et à ceux d'un autre avocat), nous avons été dirigés vers une avocate dont le cabinet était spécialisé dans le droit des personnes âgées. J'ai pris rendez-vous avec elle, et dès les premières minutes de l'entretien, j'ai su que j'étais venu vers la bonne personne. Elle avait rempli de nombreuses demandes de prise en charge par Medicaid[1], et en connaissait tous les tenants et aboutissants.

Nous avons finalement trouvé un centre de soins pour Pat. La visite de nombreux établissements différents dans le nord-est de l'Illinois a été une vraie révélation ; je peux vraiment affirmer qu'ils ne se valent pas tous. Au sein de la tourmente émotionnelle de cette décision déjà difficile, par laquelle je reconnaissais que l'état de santé de ma bien-aimée s'était tellement dégradé que j'avais besoin d'une aide professionnelle pour prendre soin d'elle, je me retrouvais également confronté au stress financier lié à la compréhension du fonctionnement du programme Medicaid qui ne permettait pas à Pat de faire une demande d'aide avant d'être résidente d'un centre de soins.

Quand Pat est entrée en établissement de soins, j'ai dû verser un acompte d'un mois en plus du montant du premier mois de prise en charge. Cela s'élevait à environ 13 000 $; les établissements de soins

---

1. N. D. T. : Medicaid est un programme créé aux États-Unis qui a pour but de fournir une assurance maladie aux individus et aux familles à faible revenu et ressource.

coûtent vraiment cher, et encore, c'était en novembre 2007. Je n'avais pas ce genre de somme dans mon compte courant, donc j'ai payé à crédit. Toutefois, le Seigneur nous avait réservé une très belle surprise.

Mon avocate avait travaillé sur le dossier Medicaid tout l'été, et elle l'avait déposé quand Pat était entrée dans le centre de soins, le 15 novembre. Au début de décembre, j'ai reçu un appel d'une infirmière de l'établissement de soins. Elle me demandait quelle marque de nourriture liquide Pat utilisait, parce qu'il fallait qu'elle en commande un nouveau lot. Elle voulait savoir pour qu'elle puisse passer la commande et facturer Medicaid. Je lui ai dit que nous avions fait une demande auprès de Medicaid pour Pat, mais que nous ne savions pas encore si elle avait été acceptée. L'infirmière m'a répondu que sur son ordinateur, Pat apparaissait comme une patiente bénéficiant de Medicaid. Après quelques échanges téléphoniques avec les agences de santé gouvernementales, j'ai eu la confirmation que Pat avait bien été acceptée par Medicaid.

Il va sans dire que nous avons été bouleversés d'apprendre que, dans les quinze jours suivant l'envoi par notre avocate du dossier pour Medicaid, la demande avait été acceptée. Et cette prise en charge était rétroactive et prenait effet le jour même de l'entrée de Pat dans l'établissement ! Tout l'argent que j'avais donné au centre de soins allait m'être remboursé. J'ai eu beaucoup de mal à le croire – les agences gouvernementales ne réagissent jamais aussi vite ! Il est évident que Dieu était à l'œuvre derrière tout cela. Cela a été pour nous un rappel frappant de la bonté du Seigneur.

Vivre ensemble séparément

Quand nous avons fait entrer Pat en centre de soins, nous avions encore bien d'autres leçons à apprendre. Les premières concernaient les établissements de soins. J'avais naïvement pensé qu'une fois en milieu médical, Pat serait correctement prise en charge. Après tout, elle serait sous la surveillance de nombreux soignants compétents. Ils étaient tous plus jeunes que moi et professionnels de la santé. Très rapidement, des faits élémentaires m'ont brutalement ramené à la réalité.

Premièrement, les choses ne se passent pas toujours bien, même dans un établissement de soins. Pat était entourée de bons soignants, donc le problème n'était pas la compétence. J'ai tout de suite vu qu'il y avait bien plus de patients que de soignants. Si plusieurs patients nécessitaient une attention immédiate, il n'y avait tout simplement pas assez de soignants pour s'occuper d'eux tous. De plus, comme j'avais nettoyé le cathéter et les poches de stomie de Pat pendant des années, je m'étais imaginé que des professionnels sauraient très bien le faire. C'était le cas pour certains, mais plusieurs n'avaient jamais eu de patient avec les mêmes besoins que ceux de Pat, donc il leur fallait apprendre à réaliser certaines de ces tâches. Quand vous faites finalement entrer quelqu'un en établissement de soins parce que vous ne pouvez plus, physiquement, vous occuper d'eux, il n'est pas très rassurant de découvrir que vous, qui n'êtes qu'un « profane » sur le plan médical, en savez plus que les professionnels sur la façon de faire certaines tâches.

Lentement mais sûrement, nous avons tous opéré les ajustements nécessaires. Après le désarroi initial causé par le fait que Pat ne pouvait plus vivre à la maison, nous nous sommes habitués à ce qu'elle demeure dans un centre de soins. Elle était encore capable de parler, elle mangeait encore certaines choses à l'occasion et il était possible, de temps en temps, de l'amener à la maison pour un après-midi.

Tout cela a cependant changé rapidement, et il n'était plus ni aisé ni sécuritaire de la faire sortir de l'établissement, même pour un temps assez court. Avant longtemps, Pat n'a plus été capable de parler. Cela fait en réalité plus de six ans qu'elle n'a pas été en mesure de dire un mot. Heureusement, elle peut encore comprendre ce que je lui dis si je parle lentement et que j'évite les sujets trop compliqués.

À mesure que ces réalités s'installaient, je suis devenu de plus en plus déprimé. Non seulement nous ne pouvions plus vivre ensemble, mais la personne que j'aime tant disparaissait petit à petit. Il était très difficile de ne pas imaginer à quoi ressembleraient les prochaines étapes de son déclin. À bien des reprises, je me suis projeté mentalement dans ce qui nous attendait probablement par la suite, et cela ne faisait que me rendre plus triste.

Affronter chaque nouvelle étape était toutefois bien pire que d'imaginer son dépérissement. Chaque fois que son état empirait, c'était beaucoup plus difficile sur le plan émotionnel que de prévoir les changements. Je m'imaginais comment ce serait, mais c'était toujours pire, et pendant un temps, je me suis demandé pourquoi. La raison m'est apparue assez rapidement. Quand vous imaginez ce qui va arriver ensuite, vous pouvez vous sentir très triste quand vous y réfléchissez. Or, la tristesse ne dure pas, parce que vous savez que la personne n'a pas encore atteint ce nouveau stade, mais quand elle l'atteint, vous savez que c'est réel et que cela ne disparaîtra pas. Quand vous constatez à quel point les choses vont mal et qu'elles ne feront que s'aggraver, vous ne pouvez pas vous empêcher d'être plus déprimé. En fait, la réalité de ce qu'entraîne cette maladie est toujours pire que tout ce que je peux imaginer.

Malgré tout ce qui est arrivé et qui continue d'arriver à Pat, elle ne s'est jamais plainte à personne. Certes, vu qu'elle ne peut plus parler, je ne peux pas savoir exactement ce qu'elle pense maintenant. Mais même avant qu'elle n'entre en centre de soins, je lui avais demandé à quoi elle pensait pendant la journée. Elle avait réfléchi pendant quelques minutes, puis m'avait répondu qu'elle ne savait pas vraiment. Je n'ai rien dit, mais j'ai pensé que c'était probablement mieux ainsi, et que cela signifiait probablement qu'elle ne pense pas à ce qui lui arrive et ne réalise pas combien ses capacités sont réduites.

Une fois Pat placée dans un établissement, j'ai rapidement pris conscience que les seuls contacts que j'aurais avec elle auraient lieu là-bas. Je devais m'y rendre pour m'assurer qu'elle recevait les soins nécessaires, mais il est devenu évident que la seule manière pour nous d'être ensemble serait au centre de soins. Même si je devais toujours m'occuper de sa prise en charge comme on s'occuperait des besoins d'un patient, il ne s'agissait pas de *n'importe quel* patient ! Il s'agissait de mon épouse ! Quand nous nous sommes rencontrés et que nous avons ensuite décidé de nous marier, nous ne pouvions en aucune façon prévoir que notre mariage en serait réduit à cela : des visites quotidiennes relativement brèves dans un centre de soins. Pourtant, c'est ainsi que les choses ont évolué, et plutôt que de passer chaque journée à me lamenter sur ce qui arrive au point de n'être quasiment plus capable d'agir, je suis résolu à ne pas manquer l'opportunité d'être avec elle. Certains disent que c'est ce qu'honorer ses vœux de mariage signifie. Je ne pense pas à cela ; ma seule préoccupation est de m'assurer qu'on réponde à tous ses besoins. Et quand je lui rends visite, mon but est de faire tout ce qui est en mon pouvoir pour rendre sa journée plus agréable. Quand je pars, se souvient-elle seulement que j'étais là ? Je n'ai aucun moyen de le savoir, mais il est clair que quand je suis avec elle, elle sait que je suis là, et je peux m'assurer que l'on prend bien soin d'elle en plus de rendre sa journée moins monotone.

Ce que l'avenir peut réserver

Alors que je conclus ce chapitre, je remarque que tous nos fils sont maintenant dans la trentaine, et qu'aucun d'eux n'a encore présenté de symptôme de la maladie. Je crains toujours qu'ils n'y échappent pas, mais je pense sans cesse au passage de l'Ecclésiaste. Dieu a façonné nos vies de façon à ce qu'on ne puisse pas savoir ce qui arrivera dans l'avenir. Tout ce que nous pouvons faire, c'est lui faire confiance et accomplir le plus de choses possible tant qu'il est encore temps. Ceux qui n'ont pas la maladie de Huntington et qui ne peuvent pas en être atteints n'ont pas pour autant l'assurance d'une longue vie. Et même parmi ceux qui en seront atteints dans l'avenir, certains pourraient bien voir le jour où un remède sera trouvé. Le mieux, c'est de ne pas renoncer prématurément à la vie ; même une situation en apparence désespérée peut se terminer bien mieux qu'on ne pourrait jamais l'imaginer. Appuyez-vous sur la grâce de Dieu pour accomplir tout ce qu'il vous appelle à faire aujourd'hui. Nous ne connaissons pas nos lendemains, et c'est tout aussi bien, parce que nous n'avons pas besoin de voir à l'avance comment nos vies se dérouleront. Vous ne pouvez pas changer ce que Dieu a décidé concernant votre avenir, mais vous pouvez perdre les opportunités d'aujourd'hui en vous souciant de lendemains imaginaires qui pourraient bien ne jamais arriver et qui, s'ils devaient arriver, ne peuvent pas être modifiés. Il ne s'agit pas d'avancer vers l'avenir aveuglément et de manière irresponsable. Il s'agit de bien gérer le temps que Dieu nous a donné (notre présent) et de placer nos lendemains dans les mains de Dieu. Quand demain arrivera, il se peut qu'il soit différent de ce que nous attendions ou souhaitions. Mais une chose ne changera pas : le Dieu qui dirige aujourd'hui et qui accorde le réconfort, la force et la grâce pour surmonter les défis d'aujourd'hui sera présent demain pour accorder exactement la même chose à ceux qui le lui demandent !

9

La providence et le but de nos vies

Certaines personnes pourraient dire, en regardant ce qui s'est passé dans ma vie, qu'il existe peu de preuves que Dieu dirige ma vie ou se soucie de moi, et que ma vie a été poussée dans telle ou telle direction par des événements aléatoires sans lien les uns avec les autres. Je comprends parfaitement cette analyse, et je peux affirmer que, bien que certaines choses dans ma vie aient été conformes à ce que j'avais prévu, le parcours exact de ma vie a été nettement différent de ce à quoi je m'attendais. Néanmoins, quand je repense à ce qui s'est passé, je peux voir très clairement la main de Dieu dans ma vie, même dans les choses que je n'aurais jamais pensé voir arriver.

Pour des raisons que j'ai décrites dans les chapitres précédents, je suis certain que j'aurais toujours été intéressé par le problème du mal et de la souffrance, même si ma famille avait été en parfaite santé et avait vécu une vie plus « normale ». Je sais également qu'une des principales choses que Dieu voulait accomplir dans ma vie était de me préparer à affronter la tragédie pour que je puisse éventuellement réfléchir encore plus sérieusement au problème du mal, écrire beaucoup sur ce thème, et prêcher et enseigner sur ce sujet. En outre, Dieu savait depuis le début que Pat serait atteinte de cette maladie, et il voulait qu'elle ait quelqu'un pour prendre soin d'elle et il m'a choisi pour être cette personne. Permettez-moi d'aborder chacun de ces buts séparément, même si, dans une certaine mesure, ils sont interreliés.

Pour ce qui est de mon travail et de mon ministère en rapport avec le problème du mal, il y a tant de choses dans mon passé qui pointent dans cette direction. J'ai partagé les préoccupations soulevées par l'état de santé de ma mère. Sa situation, ainsi que celle d'autres croyants de ma connaissance ayant souffert, a suscité mon intérêt pour le problème du mal. En raison de cet intérêt, la formation que j'ai reçue dans plusieurs universités m'a amené à concentrer ma réflexion et mon travail sur cette question dans le cadre des cursus auxquels je me suis inscrit.

J'aurais pourtant gardé pour moi tout ce travail et cette réflexion si Dieu ne m'avait pas appelé au ministère. Assez tôt dans ma vie, j'ai ressenti l'appel du Seigneur à prêcher et enseigner, un appel au ministère à plein temps. Au moment d'entrer au lycée, j'étais convaincu que le Seigneur voulait que je forme les autres au ministère – un ministère d'enseignement semblable à celui qu'avait eu mon père semblait être le dessein de Dieu pour ma vie. Je pensais également que Dieu voulait que je prêche et que j'œuvre comme pasteur. Je ne voyais pas bien comment cela serait compatible avec l'enseignement à temps plein, mais je me suis dit que Dieu avait prévu tout cela et que, le moment venu, il me montrerait quand enseigner et quand travailler comme pasteur.

Bien sûr, pendant les premières années de ma formation, je n'ai jamais imaginé à quel sujet précis j'allais me consacrer à l'université ou en tant qu'enseignant et écrivain. J'avais toujours eu une facilité pour apprendre les langues, donc au lycée et à l'université, je pensais que je finirais par enseigner le grec ou l'hébreu et être un spécialiste de l'Ancien ou du Nouveau Testament. Toutefois, après être entré à la faculté de théologie et m'être inscrit dans un programme destiné à former des hommes et des femmes au ministère, j'ai rapidement constaté que ce qui m'intéressait le plus était d'étudier les idées. Ce qui voulait dire que mes études et mon ministère seraient centrés sur la théologie. J'avais toujours entendu dire qu'il était important et utile que les théologiens connaissent la philosophie, mais je ne savais pas très bien pourquoi. Finalement, le Seigneur a ouvert une porte pour que j'étudie la philosophie au doctorat à l'Université de Chicago. Après avoir commencé à suivre les cours, j'ai réalisé à quel point la philosophie m'intéressait et j'ai commencé à comprendre de quelle manière et pour quelle raison elle était importante en théologie systématique.

Dans toutes ces choses, j'étais certain de faire ce que Dieu voulait que je fasse. Je ne savais pas précisément pourquoi il voulait que j'accomplisse mes études de doctorat en philosophie plutôt qu'en théologie, mais en assistant aux cours de philosophie, j'ai compris combien ces informations m'aideraient à être un meilleur théologien. Plus fondamentalement encore, je pouvais voir que mon programme d'études améliorait considérablement mes capacités de réflexion. Après avoir suivi les cours et passé l'examen de synthèse, il était temps de commencer la thèse de doctorat. Je voulais travailler sur le problème du mal, mais je doutais qu'une grande université laïque me permette d'écrire sur un sujet traité traditionnellement en philosophie de la religion. Pourtant, mon comité de thèse n'a eu aucune hésitation. J'admire encore l'ouverture d'esprit de mes professeurs et de l'université qui m'ont permis non seulement de disserter sur cette question, mais aussi de défendre une position théiste !

Étant donné mon passé et mon éducation, il est aisé de comprendre pourquoi j'étais si intéressé par le problème du mal. Vous pouvez aussi imaginer combien les thèses de mes précédents diplômes sur le livre de Job et sur le rapport entre la souveraineté de Dieu et la liberté humaine m'ont stimulé et préparé à travailler sur le problème du mal pour ma thèse de doctorat. J'ai terminé mon doctorat en 1978, mais j'avais commencé à enseigner en 1976. La question de Dieu et du mal a été soulevée dans de nombreux cours que je donnais. Je pouvais voir combien tant de choses dans ma vie m'avaient conduit au ministère d'enseignement que j'avais. Et, après avoir obtenu mon doctorat en 1978, j'ai simplement supposé que je continuerais à enseigner et à écrire sur ce sujet (ainsi que sur d'autres). Je pensais avoir trouvé de bonnes réponses à ce problème, et heureusement, mon comité de thèse était aussi de cet avis. Bien sûr, pour transmettre le contenu de mes recherches au commun des mortels, je savais qu'il me faudrait réviser mon texte afin d'avancer les mêmes arguments sans les détails techniques auxquels on s'attend dans une thèse de doctorat. Je croyais néanmoins avoir les réponses essentielles à ce problème. Quand j'entendais parler de chrétiens en proie à diverses afflictions, je voulais leur partager les informations contenues dans ma thèse. Je pensais que cela ferait disparaître leurs doutes et leur souffrance.

Quand nous avons appris en 1987 que Pat avait la maladie de Huntington, j'ai été sous le choc. J'ai déjà révélé dans un précédent chapitre pourquoi tout mon travail universitaire préalable ne m'avait été d'aucun réconfort à l'époque. Je ne pouvais pas comprendre ce qui arrivait, mais avec le recul, je peux voir facilement Dieu à l'œuvre dans l'agencement des différents événements de ma vie. Si nous avions reçu le diagnostic avant que j'aie fait le travail intellectuel sur le problème du mal, j'aurais probablement passé beaucoup de temps à rechercher des solutions à mon questionnement intellectuel dans les discussions philosophiques sur le problème du mal. En considérant la souffrance émotionnelle, physique et spirituelle que j'ai ressentie après avoir reçu le diagnostic de la maladie de Pat, je ne suis pas sûr que j'aurais été mentalement apte à faire le travail philosophique ardu que j'aurais sans aucun doute jugé nécessaire. J'aurais probablement pensé que je pouvais appliquer la philosophie à notre situation, et pourtant, si j'avais tenté de le faire, cela n'aurait conduit qu'à plus de frustration. J'aurais sans doute perdu l'espoir de trouver un sens à ce qui se passait. Compte tenu de la manière dont les choses se sont passées, je me souviens que, pendant des mois après l'annonce de la maladie de Pat, je me suis senti désemparé en pensant que j'enseignais la théologie (l'étude de Dieu, de son être, de ses actes et de ses relations avec le monde) à des étudiants alors que par rapport à ce qui s'était passé, je n'étais pas sûr de connaître quoi que ce soit de Dieu. Je tremble à l'idée de ce que j'aurais pu penser ou faire à l'époque si je n'avais pas préalablement accompli toutes les recherches universitaires sur le problème du mal.

En m'amenant à effectuer tout ce parcours universitaire *avant* que je n'aie à vivre personnellement la véritable souffrance, Dieu me préparait en réalité à chercher ailleurs que dans mes études universitaires les réponses à ce qui se passait dans ma vie et les raisons pour lesquelles cela arrivait. Vous avez compris en lisant ce que j'ai partagé dans ce livre, que ce que je devais apprendre ne se trouve dans aucun texte théologique ou philosophique. Pourtant, si je n'avais pas effectué mes études de théologie et de philosophie, j'aurais probablement cherché des réponses à ce que nous vivions dans l'étude de la théologie et de la philosophie. Avec un peu de chance, j'aurais fini par prendre conscience que le problème personnel qui naît de la souffrance n'est pas résolu par la théologie et la philosophie seules, mais qui sait ? Je peux clairement voir la main du Seigneur derrière l'agencement précis des événements de ma vie, dont sa conduite providentielle dans le sujet de mes études et le moment auquel je les ai effectuées !

Je peux aussi voir Dieu à l'œuvre dans ce que j'ai fait de toutes mes réflexions sur le problème spirituel du mal – le problème de la lutte personnelle d'un individu avec la souffrance et la peine, et la façon dont cela affecte sa relation avec Dieu. Peu de temps après avoir obtenu mon doctorat, j'ai pu faire publier ma thèse, mais elle n'est pas restée publiée bien longtemps. Une fois l'édition épuisée, j'ai contacté un autre éditeur et obtenu un contrat pour réviser un peu le livre et le rééditer. Je crois avoir reçu ce contrat avant que nous ne découvrions la maladie de Pat. Après avoir appris qu'elle était atteinte de la maladie de Huntington, tout dans ma vie a été mis sur pause, y compris mon travail sur les publications. Quand je suis finalement retourné à mon travail sur le problème du mal, j'ai découvert que le débat universitaire avait sensiblement changé depuis que j'avais terminé ma thèse. Par conséquent, j'ai écrit de nombreux nouveaux chapitres pour cette réédition. En travaillant sur ces chapitres, j'ai commencé à penser que la meilleure manière de faire valoir mon argument – à savoir que le problème spirituel du mal est un problème d'un genre différent des autres – était peut-être de parler de ma femme et de ma famille. J'en ai conclu que si je faisais cela, il fallait que j'adopte un style bien plus direct et moins technique, et que je fasse part explicitement de mes pensées et de mes sentiments au sujet de ce qui nous arrivait, sans quoi le contenu ne serait pas d'une grande aide à qui que ce soit, et particulièrement à ceux qui souffrent.

Avec quelques réticences, j'ai rédigé deux chapitres assez courts qui ont été inclus dans mon travail plus approfondi sur le problème théorique du mal. L'éditeur a reçu le manuscrit en 1993, et je pensais que cela marquerait la fin de ce que je produirais sur ce sujet.

Mais Dieu avait d'autres plans. Quand les éditeurs à l'imprimerie ont lu les deux chapitres sur le problème spirituel du mal, ils m'ont immédiatement encouragé à retirer ce contenu du livre original, à le développer et à le publier sous forme d'un livre plus accessible. J'appréciais leur soutien apporté à mon travail, mais j'hésitais à faire ce qu'ils me suggéraient. Toutefois, en réfléchissant davantage à leur suggestion et en commençant à parler en classe de l'état de santé de Pat et de ce que le Seigneur m'enseignait à travers tout cela, j'ai reçu de nombreuses réactions positives à ce contenu. De plus, les personnes qui avaient lu l'ouvrage plus approfondi faisaient souvent des commentaires sur l'utilité des deux chapitres sur le problème spirituel du mal. Après un temps de réflexion et de prière, j'ai conclu que même si je n'étais pas impatient d'écrire cet autre livre, si le Seigneur voulait l'utiliser pour aider les autres, je ne devais pas me mettre en travers de son chemin. Finalement, le résultat a été un livre accessible au grand public sur le problème spirituel du mal, une œuvre qui comprend la majeure partie du contenu de ce présent ouvrage.

Il m'apparaît donc évident qu'une des choses que Dieu voulait faire avec ma vie était de me faire passer par ces expériences du mal et de la souffrance pour que j'écrive, que j'enseigne et que je prêche sur ces thèmes. Et son dessein ultime est que mes paroles et mes actes puissent aider ceux qui souffrent à affronter la tragédie, mais aussi qu'ils soient utiles à ceux qui aident les affligés. Même si je pensais, avant même d'apprendre le diagnostic de la maladie de Pat, que Dieu voulait que j'écrive et que j'enseigne sur le problème du mal, j'avais envisagé de présenter un contenu très différent de celui de ce livre. Si je n'avais pas eu à gérer la maladie de Pat et à ses implications, je n'aurais pas pu écrire ce livre plus accessible. De plus, je ne pourrais certainement pas présenter du haut de la chaire les idées théoriques plus techniques de ma thèse, alors que lorsque je raconte ce qui arrive à ma famille et que je parle de mes luttes, beaucoup de ceux qui m'écoutent ou me lisent trouvent ce que je dis très utile. Je suis convaincu que cela tenait depuis toujours une place importante dans le plan de Dieu ; ces choses ne me sont pas arrivées par hasard.

Je vois aussi Dieu à l'œuvre dans un autre facteur qui a contribué à mon travail sur les divers problèmes du mal. Dans un précédent chapitre, j'ai parlé du fait que Dieu avait caché certaines informations pour que je n'hésite pas à épouser Pat en raison de problèmes de santé. Il y a un autre domaine dans lequel Dieu nous a caché à tous l'avenir, et je crois que cela a contribué au travail que j'ai effectué sur le problème spirituel du mal. Il n'existe actuellement aucun remède connu pour la maladie de Huntington, bien que la recherche sur cette maladie se poursuive. Bien entendu, il existe un remède à cette maladie et Dieu le connaît, mais jusqu'à présent, il ne l'a divulgué à personne qui ait la maladie ou qui soit à risque et il ne l'a pas non plus révélé aux chercheurs qui travaillent sur cette maladie. Je ne peux pas prédire quand cette information sera révélée ; tous ceux qui connaissent cette maladie espèrent que ce sera le plus tôt possible.

Imaginez qu'un remède ait été disponible avant même que la maladie de Pat ne soit diagnostiquée, ou qu'il ait été révélé peu de temps après que nous avons reçu la terrible nouvelle. La maladie de Huntington serait toujours terrible, mais si un remède était connu, le fait d'être atteint causerait bien moins de tourment mental, émotionnel et spirituel. Je crois que je peux dire sans hésitation que sans le stress de devoir faire face à une maladie incurable et mortelle, je n'aurais pas cherché aussi diligemment à comprendre pourquoi et comment cela pouvait arriver, et je n'aurais pas découvert beaucoup des choses que j'ai partagées dans ce livre.

Comprenez-moi bien. Je ne suis pas en train de suggérer que Dieu a gardé secrète l'information concernant un remède pour cette maladie simplement pour que j'aie le temps de bien réfléchir à ces questions et d'écrire ce livre. Je ne sais pas pourquoi Dieu n'a pas encore permis aux chercheurs de découvrir un remède. Cependant, je sais que ce délai a joué un rôle clé dans l'accomplissement du dessein de Dieu pour ma vie personnelle au cours des années ayant suivi l'annonce de cette maladie en 1987. Ma réflexion et mon travail sur les différents problèmes du mal ont été stimulés en partie par le fait qu'il n'existe actuellement aucun remède. Dieu a utilisé cela dans ma vie pour accomplir certaines choses qu'il voulait faire en moi et à travers moi.

Je crois aussi que Dieu avait un autre dessein essentiel pour moi, celui de mon mariage avec Pat. Dieu a décidé d'assurer la présence d'une personne pour gérer les besoins de Pat et prendre soin d'elle, et je suis cette personne. Pat et moi aurions pu ne jamais nous rencontrer, et encore moins nous marier. En réalité, elle aurait pu ne pas se marier. Néanmoins, Dieu savait qu'elle serait atteinte de cette maladie et qu'elle aurait besoin de quelqu'un pour prendre soin d'elle, particulièrement à mesure qu'elle deviendrait moins apte à s'occuper d'elle-même. C'est au moment de sa conception qu'il a été déterminé qu'elle serait atteinte de cette maladie.

Au cours des vingt dernières années environ, j'ai assisté, impuissant, à la détérioration de l'état de santé de Pat. À plusieurs reprises, j'ai pensé que le but de ce mariage n'était pas en lien avec moi, mais avec elle. Pendant longtemps, il a été clair qu'il n'y avait tout simplement pas un autre membre de la famille, proche ou élargie, qui aurait pu prendre soin de Pat. Dieu savait qu'elle aurait besoin de quelqu'un et il ne laisse pas ceux qui le suivent fidèlement sans aide au jour de la détresse. Il s'est donc assuré que je serais là.

Ce que je laisse entendre peut sembler contraire à la conception qu'ont beaucoup de chrétiens du but du mariage. On enseigne assez tôt aux chrétiens que Dieu a eu l'idée du mariage, et qu'en l'instituant, il avait l'intention de fournir une aide pour l'homme. Dieu a dit qu'il n'est pas bon que l'homme soit seul. Pour répondre au besoin d'une compagne et d'une partenaire, Dieu a créé la femme. Il est donc naturel que les hommes conçoivent le mariage comme le fait de trouver une femme qui les aidera dans l'œuvre de leur vie. Pour ma part, je savais que j'avais besoin d'une femme pour m'aider dans mon ministère. Quand j'ai rencontré Pat, je n'avais pas de problème avec le fait qu'elle ait un appel au ministère à temps plein parce que je croyais qu'elle pourrait répondre à cet appel en étant ma femme. Cela ne signifiait pas qu'elle ne pouvait pas aussi exercer un ministère indépendamment du mien, mais une grande part de sa vie consisterait à m'aider. J'ai donc adopté la conception chrétienne courante du mariage.

Je peux affirmer haut et fort que Pat a été une épouse merveilleuse, ainsi qu'un soutien et une aide dans mon ministère. Toutefois, étant donné son état, je crois que le dessein de Dieu en nous conduisant l'un vers l'autre était tout autant (sinon plus) de lui donner une personne pour prendre soin d'elle que de me donner une aide pour mon ministère. Et je veux affirmer aussi clairement que possible que si c'est là la raison majeure de notre mariage, cela ne me pose aucun problème ! C'est un privilège d'être son mari et je suis plus que disposé à faire tout le nécessaire pour prendre soin d'elle. Si les rôles étaient inversés, je n'ai aucun doute qu'elle prendrait tout aussi bien soin de moi.

Certains pourraient lire cela et répondre que, bien que cela nous soit arrivé, on ne peut pas vraiment dire que le dessein de Dieu (voire son intention principale) pour notre mariage était de s'assurer que quelqu'un prenne soin de Pat. C'est simplement quelque chose qui s'est déroulé ainsi, ce n'est pas une preuve de la providence de Dieu à l'œuvre. Je ne suis pas d'accord et je voudrais expliquer pourquoi.

Si l'on examine les choses sous un certain angle, je suppose qu'on peut avoir l'impression que tout ceci a eu lieu un peu par hasard. En fait, en y réfléchissant, il semble qu'il y avait peu de chances que l'on se rencontre, Pat et moi, et encore moins que l'on se marie et que l'on fonde une famille. Pat a grandi dans le nord de l'État de New York, à North Syracuse. Elle n'est jamais allée plus à l'ouest que Wheaton, dans l'Illinois, et cela ne s'est produit que lorsqu'elle a fait un programme de maîtrise au Wheaton College en 1971.

J'ai trois ans de plus que Pat. Je suis né à Dallas, au Texas, mais j'ai grandi en Californie du Sud depuis l'âge de deux ans. J'avais entendu parler de Syracuse dans l'État de New York, mais l'essentiel de mes connaissances se résumait au fait que l'Université de Syracuse, située dans cette ville, avait généralement une assez bonne équipe de football américain. J'avais rendu quelques fois visite à mon frère, à Chicago, où il s'était installé en 1966 pour occuper un poste de professeur au Moody Bible Institute, mais j'avais passé la majeure partie de ma vie en Californie du Sud. Quand j'ai déménagé à Chicago en 1971, c'était pour aller au Trinity Evangelical Divinity School, pas au Wheaton College. Trinity se trouve à environ cinquante-cinq kilomètres de Wheaton. Cela n'apparaît pas comme une longue distance, mais ceux qui connaissent l'agglomération de Chicago et son trafic savent que ces deux écoles se trouvent dans des banlieues qui semblent appartenir à deux mondes différents.

À l'été 1971, j'ai déménagé à Chicago en préparation de mes études à Trinity. De juillet 1971 au début de février 1972, j'ai fréquenté plusieurs filles que j'ai rencontrées, pour la plupart, par le biais de mes contacts à Trinity. Je n'ai rencontré Pat qu'à la fin de février 1972, et même alors, cela a eu lieu lors d'un rendez-vous arrangé.

Venant de milieux si différents, quelles étaient les *chances* que Pat et moi nous rencontrions un jour ? Bien faibles, mais cela ne fait que renforcer mon argument : rien de cela n'est arrivé par hasard ! On peut choisir de dire que tout cela n'est qu'une heureuse série de coïncidences produites par le hasard. Toutefois, avec tout ce que j'ai raconté de notre histoire, je pense que vous pouvez comprendre pourquoi il est bien plus sensé de voir la providence de Dieu à l'œuvre dans nos vies pour faire advenir toutes ces choses. Je souhaiterais que Pat n'ait pas cette maladie, mais comme je vois si clairement que toutes ces choses ont eu lieu par la volonté de Dieu, il m'est plus facile d'accepter les rôles que Dieu me destinait à remplir. Si je pensais (ou même soupçonnais) que ce qui s'est passé n'était pas dirigé providentiellement par Dieu, les fardeaux que j'ai à porter seraient absolument insupportables !

Après avoir dit ces choses au sujet de la providence divine, il y a un autre point important que je voudrais soulever concernant la volonté de Dieu. Quand on cherche la volonté de Dieu, il est important de faire la distinction entre la volonté de Dieu, les voies de Dieu et également le temps de Dieu. Ce que je veux dire, c'est que parfois, nous nous sentons conduits par le Seigneur à faire quelque chose, mais nous déterminons aussi mentalement la manière dont cela se produira et à quel moment cela arrivera. Dieu peut cependant avoir planifié que cela se produise d'une autre manière et à un autre moment. Quand les événements commencent à se produire et que les choses ne se passent pas exactement comme nous l'avions pensé, il est tout à fait naturel de se demander si nous n'avons pas complètement mal interprété la volonté de Dieu. À la suite de l'annonce de la maladie de Pat en novembre 1987, je sais que j'ai soulevé précisément cette question. J'avais compris ce que je pensais que Dieu me demandait de faire et j'avais élaboré mon plan sur la façon dont cela se produirait. Quand j'ai découvert que les choses n'allaient pas se passer comme prévu, il était tout naturel de me demander si le chemin que j'avais suivi était vraiment dans la volonté de Dieu.

En dépit de ces doutes, je sais que Dieu voulait que j'épouse Pat, qu'il nous avait tous les deux appelés au ministère à temps plein et qu'il voulait que nous ayons des enfants. Je m'attendais juste à ce que tout cela arrive d'une autre manière, une manière que j'avais imaginée comme un scénario idéal. Je devais réajuster ma pensée avec la réalité, à savoir que même si nous savons ce que Dieu veut que l'on fasse (sa volonté), cela ne dicte pas automatiquement la façon dont sa volonté s'accomplira. Et cela ne signifie certainement pas que nous pouvons faire tout ce que nous voulons, quand nous le voulons et comme nous le décidons, du moment que le résultat est ce qui nous semble être la volonté de Dieu pour nous. La volonté de Dieu doit s'accomplir à sa façon et en son temps. Le fait de réaligner ma pensée avec les voies et le temps de Dieu a été douloureux, mais nécessaire. Je peux maintenant voir que la manière dont les événements se sont produits était celle prévue par Dieu pour accomplir sa volonté dans nos vies. Aurait-il pu l'accomplir d'une autre manière ? Lui seul le sait. Mais il savait assurément que la façon dont les choses se sont produites nous conduirait, Pat et moi, à faire sa volonté. Il est normal de soupçonner qu'il devait exister une manière moins pénible de nous amener à faire ce qu'il voulait. Par contre, comme je crois que Dieu sait des choses qu'aucun de nous ne sait, et qu'il est un Dieu plein d'amour et de sagesse, je dois simplement accepter le chemin qu'il a choisi pour nous comme le moyen approprié d'accomplir le plus pleinement sa volonté dans nos vies. Je ne peux prouver rationnellement (ou d'une autre manière), sans l'ombre d'un doute, que ce que j'ai écrit est juste ; c'est là que la foi intervient. Je pense que parfois, Dieu permet dans nos vies des choses très difficiles et déroutantes, des choses qu'on ne peut pas pleinement comprendre rationnellement, pour que nous ayons l'opportunité d'exercer la foi dont nous disons qu'elle se trouve au cœur de notre relation avec Dieu. Dieu a-t-il tort de faire cela ? Je ne vois pas en quoi !

En ce qui concerne le chemin précis de Dieu pour nos vies, le Seigneur voulait que j'épouse Pat et que j'aie un ministère d'enseignant, de prédicateur et d'écrivain. C'est juste que tout ceci est arrivé dans des circonstances différentes de celles que nous avions imaginées, et que l'accent a été mis sur des choses légèrement différentes de celles que j'avais en tête. De plus, Dieu ne voulait pas seulement que Pat le serve sur le terrain de la mission, mais que je le fasse aussi. À partir de 1985, Pat et moi avons voyagé ensemble et avons exercé notre ministère à de nombreuses reprises, littéralement dans le monde entier. Au départ, nous avions considéré la mission à long terme, mais le plan de Dieu pour nous était que nous partions comme missionnaires à court terme pendant mes vacances d'été, pour enseigner ceux qui se préparent au ministère et pour prêcher dans divers contextes. En fait, durant l'été 2001, nous sommes même allés en Afrique pour œuvrer en Afrique du Sud et au Zimbabwe.

Il y a la volonté de Dieu et il y a la manière dont il l'accomplit, et tout cela doit se faire au moment qu'il a choisi. J'ai appris que nous devons tous sortir des notions préconçues que nous avons sur la manière dont Dieu accomplira sa volonté dans nos vies. Il est bien entendu possible que l'on se trompe à la fois sur la manière de faire de Dieu et sur sa volonté, mais même si nous avons correctement interprété son dessein pour nous, nous devons être assez flexibles pour le laisser l'accomplir à sa manière et en son temps.

Alors que je termine ce chapitre et ce livre, j'espère que ce que j'ai écrit vous aura aidé et que cela vous aidera à accompagner d'autres personnes qui souffrent. Il n'a pas été facile d'écrire ce livre et j'imagine que certaines choses que j'ai écrites ne sont pas faciles à lire. J'aurais aimé apprendre autrement les principes que ces situations m'ont enseignés, mais ce n'est pas le cas, et j'ai partagé ce qui s'est passé et ce que j'en ai appris dans l'espoir que cela vous aide.

En ce qui concerne ma famille et moi-même, l'histoire se poursuit. Il y a déjà eu des surprises (bonnes et mauvaises), et Dieu nous en réserve probablement d'autres. Est-ce que je regrette d'avoir épousé Pat et fondé une famille ? Si cette question signifie : « Est-ce que je l'aurais épousée si j'avais su à l'époque ce que je sais maintenant ? », il m'est impossible d'y répondre. Si j'avais su à l'époque ce que je sais maintenant, j'aurais su à quel point ma femme et mes fils seraient une bénédiction de la part de Dieu. J'aurais su tous les problèmes que j'aurais pu éviter en ne l'épousant pas, mais j'aurais également su toutes les bénédictions perdues. Serais-je prêt à redonner à Dieu ces incroyables bénédictions pour échapper aux épreuves que nous avons vécues ? Si plusieurs d'entre nous souhaitent une vie différente, c'est sans doute parce que nous pensons qu'une vie différente serait une vie sans problèmes, ou du moins, sans événements catastrophiques. Mais dans un monde déchu, il n'existe aucune garantie d'avoir une vie faite uniquement de bonheur, et sans problèmes ou défis. Donc j'aurais peut-être pu éviter les souffrances et les peines qui nous sont arrivées. Toutefois, une vie différente aurait pu comporter des problèmes différents, peut-être encore pires que ceux que nous avons rencontrés. Je sais sans le moindre doute que j'ai reçu de nombreuses et grandes bénédictions, et je ne voudrais pas les perdre !

Je suis convaincu de certaines choses. Je sais que pendant toute l'éternité, je remercierai Dieu pour l'épouse et la famille qu'il m'a données et pour le ministère qu'il nous a permis d'avoir malgré les difficultés que nous avons rencontrées et que nous rencontrerons encore (et même à cause d'elles). Je sais également que lorsque les blessures du combat spirituel dans lequel nous sommes tous engagés viendront – et elles viendront –, nous aurons besoin du réconfort, de l'attention et de la présence de Dieu. Quand nous avons reçu la nouvelle de la maladie de Pat, je ne voyais pas comment je pourrais à la fois gérer sa maladie et avoir le ministère auquel je pensais que Dieu m'avait appelé. Pourtant, plus de vingt-huit ans après le diagnostic, je peux attester que Dieu m'a permis de faire les deux. En mai 2015, j'ai terminé ma trente-neuvième année *consécutive* d'enseignement. Pendant toutes ces années, je n'ai jamais dû renoncer complètement à une tâche de mon ministère à cause d'un besoin lié à la maladie de Pat qui devait être traité sur-le-champ. En fait, je ne peux me souvenir que d'un cours qui s'est terminé plus tôt parce que je devais prendre soin de Pat.

Vous pensez probablement que c'est incroyable. En effet, ça l'est ! Dieu ne nous donne pas une tâche que nous ne pouvons pas accomplir. Bien plus, quand il nous donne une tâche, il est présent pour nous aider à faire ce qu'il demande. À mesure que nous avons vécu avec la maladie de Pat, j'ai été confronté à la réalité croissante de son absence. Oh, elle est toujours vivante, mais elle est de plus en plus enfermée dans un corps. Assister à cela a été et est toujours douloureux, tout comme le fait de ne pas être capable de faire quoi que ce soit pour qu'elle aille mieux. Si je me concentre uniquement sur cela, c'est un sujet de grand désespoir. Mais la plupart du temps, je ne me retrouve pas figé par le chagrin et incapable de fonctionner. La seule façon que j'aie d'expliquer cela, c'est que dans tout ce qui arrive, je suis certain de la présence de Dieu et du soutien de sa grâce. Est-ce que je peux prouver que Dieu est là ? Probablement pas avec le type de preuve qu'un philosophe exigerait. Néanmoins, il y a tout simplement certaines choses que la foi sait !

Puissiez-vous trouver, au sein des épreuves et de la souffrance, le réconfort et la grâce vivifiante que seul Dieu peut donner !

Postface

PAR PATRICIA S. FEINBERG

J e voudrais vous parler de ce que Dieu a fait dans ma vie. Mon frère et moi, en grandissant, avons vu notre mère souffrir d'une mystérieuse maladie. Je ne connaissais pas le nom de la maladie ni ses caractéristiques, parce qu'on ne nous en parlait pas. Je pensais que c'était une maladie mentale, et la plupart des symptômes de ma mère me le laissaient penser. Ce n'est que bien plus tard que nous avons appris qu'elle était atteinte de la maladie de Huntington.

Au départ, ma famille n'était pas chrétienne, mais le Seigneur nous a donné, à ma mère et moi, le désir de le connaître. Ma mère vendait des produits pour Avon à une époque et elle a rencontré une chrétienne qui est devenue son amie. Cette amie l'a invitée à une réunion d'évangélisation où elle a accepté le Christ. Le pasteur de l'Église de cette amie nous a rendu visite et a parlé avec mon père, qui est aussi devenu chrétien. Mon frère et moi sommes venus au Seigneur quand une personne de cette Église désirant devenir missionnaire est venue nous parler.

J'avais neuf ans à l'époque. Dieu m'ayant donné le désir de le suivre, j'ai commencé à lire ma Bible chaque jour et à assister au culte. Au fil des ans, je me suis beaucoup impliquée dans l'Église.

Le pasteur jeunesse de mon Église avait été missionnaire en Afrique et il a eu une grande influence sur moi. Quand il a prêché lors d'une conférence missionnaire où un appel a été lancé aux jeunes pour suivre totalement le Seigneur dans leurs vies, j'ai remis ma vie à Dieu pour faire tout ce qu'il voulait que je fasse. Je pensais qu'il m'appelait peut-être à la mission, donc j'ai pris des mesures pour me préparer à cela. Je suis allée au Nyack College, en partie parce qu'il avait une solide réputation pour la formation des missionnaires. Après avoir obtenu mon diplôme, j'ai postulé auprès de quelques comités de mission, mais aucune porte ne s'est ouverte. Je me suis donc inscrite au Wheaton College pour faire une maîtrise en éducation chrétienne. J'avais l'impression que cette formation supplémentaire m'aiderait pour le travail missionnaire, et je pensais qu'après d'autres études universitaires, le Seigneur ouvrirait les portes pour que je parte en mission.

Pendant que j'étais à Wheaton, notre groupe de prière a demandé au Seigneur que s'il avait un mari pour nous, de le faire venir au bon moment. Une de mes amies dans le groupe fréquentait un étudiant de Trinity, et elle a arrangé un rendez-vous pour moi avec un autre étudiant qui allait à Trinity.

Il s'est avéré que John et moi sommes sortis ensemble à plusieurs reprises par la suite. Notre relation devenait plus solide et le Seigneur nous a fait comprendre qu'il voulait que l'on se marie. Nous étions convaincus que le Seigneur nous avait conduits l'un vers l'autre. Après plusieurs années de mariage, nous avons été bénis par l'arrivée de trois fils merveilleux qui ont toujours été pour nous une source de joie.

Alors que j'élevais mes enfants et que je prenais part au ministère de John, j'ai appris, à l'automne 1987, que j'avais une maladie neurologique génétique appelée chorée de Huntington. Elle entraîne la détérioration prématurée du cerveau, et peut avoir de graves conséquences mentales et physiques. Qui plus est, elle diminue l'espérance de vie. Bien que j'aie été sous le choc à l'annonce du diagnostic, je savais que lorsque les problèmes de santé arrivent, nous devrions remercier Dieu pour sa présence et sa force au sein des difficultés plutôt que de devenir aigris. Et je savais que c'était ce que je devais faire, que j'en aie envie ou non et c'est donc ce que j'ai fait dans la voiture, en rentrant à la maison. Je connaissais aussi le verset de 1 Thessaloniciens 5.18 qui dit : « Rendez grâces en toutes choses, car c'est à votre égard la volonté de Dieu en Jésus-Christ. » Quelles que soient les circonstances, Dieu est toujours là et il a le contrôle sur tout ce qui arrive. Il est fidèle à sa Parole. C'est une raison d'être reconnaissant, et je continue de le remercier tous les jours.

Les mois suivants ont été très difficiles pour John et moi, parce que nous passions par tout le processus d'acceptation de ce qui nous arrivait. L'une des choses qui m'ont beaucoup aidée a été de noter, en lisant le livre des Psaumes, toutes les références concernant la force que Dieu donne dans les moments difficiles. La plus importante était celle de Psaumes 46.2 : « Dieu est pour nous un refuge et un appui, un secours qui ne manque jamais dans la détresse. » Dieu a fait de ce verset une vérité dans ma vie. J'ai confiance en sa présence, même au sein de cette maladie.

J'ai essayé de comprendre ce que Dieu voulait que j'apprenne de cette situation et ce qu'il voulait que j'en fasse. L'une des choses que le Seigneur m'a rappelées, c'est que je ne suis que de l'argile entre ses mains. Comme le dit Paul en Romains 9.20 : « Ô homme, toi plutôt, qui es-tu pour contester avec Dieu ? Le vase d'argile dira-t-il à celui qui l'a formé : Pourquoi m'as-tu fait ainsi ? » Dieu a le droit de faire de moi ce qu'il veut. Qui suis-je pour me plaindre ?

J'ai donné ma vie à Christ quand j'étais adolescente, pour qu'il en fasse ce qu'il voulait, sans aucune réserve. Même si ce qui est arrivé n'est pas du tout ce que j'avais imaginé, je ne peux pas me plaindre. Je lui ai dit qu'il pouvait faire de ma vie ce qu'il voulait. Au lieu de me plaindre, il est de ma responsabilité de remercier Dieu d'accomplir sa volonté dans ma vie.

Une autre chose que Dieu a accomplie à travers cette maladie est de m'amener à faire face à la question de la vie et de la mort, et à voir la nécessité absolue de tirer le meilleur parti du temps qu'il me reste. Il est facile, pour chacun d'entre nous, de penser que nous aurons assez de temps pour faire ce qui doit être fait pour le Seigneur. Nous avons tendance à planifier de le servir, mais c'est toujours remis à plus tard. Ce que j'ai vécu est un rappel saisissant qu'aucun de nous n'est assuré de la durée de sa vie sur terre ou du genre de vie qu'il aura. Tout ce que Dieu nous appelle à faire au service du Royaume doit être fait au plus tôt.

Un autre passage que Dieu a utilisé dans ma vie est celui de 2 Corinthiens 1.3,4 : « Béni soit Dieu, le Père de notre Seigneur Jésus-Christ, le Père des miséricordes et le Dieu de toute consolation, qui nous console dans toutes nos afflictions, afin que par la consolation dont nous sommes l'objet de la part de Dieu, nous puissions consoler ceux qui se trouvent dans l'affliction ! » Le Seigneur m'a apporté un réconfort si entier que je veux trouver des moyens de le partager avec d'autres.

Ma maladie m'a également offert des opportunités de témoigner. Une des opportunités que John et moi avons eues a été celle de témoigner à ma neurologue, qui est juive. John est venu avec moi lors d'un entretien, et elle nous a demandé directement pourquoi il enseignait dans une faculté de théologie chrétienne alors que son nom de famille était juif. Il a pu lui annoncer l'Évangile en lui racontant comment sa famille avait quitté la foi juive pour venir à Christ. Elle ne parvenait pas non plus à comprendre comment nous étions si calmes par rapport à la situation.

Je considère le fait que la maladie ait évolué très lentement pendant plusieurs années comme une autre bénédiction de notre Seigneur. Dès le début, cela a étonné les médecins et nous a donné une autre occasion de témoigner. Quand ils expriment leur étonnement, nous mettons un point d'honneur à partager notre conviction que ma maladie et ma vie sont dans les mains de Dieu. Je crois que l'évolution qu'a suivie la maladie résulte de l'intervention de Dieu en ma faveur.

Cela fait bien des années que nous avons appris que j'avais la maladie de Huntington. Dieu a été fidèle envers moi, et je lui rends grâce pour sa fidélité, son amour et son réconfort. J'espère que ce que j'ai partagé vous réconfortera et vous encouragera. Je veux dire à ceux qui souffrent que Dieu est suffisant !

1996

Appendice

COMMENT DIEU PEUT-IL UTILISER LA SOUFFRANCE ?

Bien que Dieu ne soit pas l'auteur du mal et de la souffrance, il permet que ces choses arrivent. Quand elles se produisent, Dieu est capable de les utiliser pour accomplir des choses positives dans nos vies. L'affliction n'est pas bonne, mais Dieu peut s'en servir pour faire ressortir du bien de ce qui est mal. Le fait que Dieu fasse cela et que nous puissions le voir à l'œuvre dans nos vies peut nous assurer que sa main repose toujours sur nous. Il n'est pas en colère contre nous, et nous ne sommes pas abandonnés. Prendre conscience que Dieu n'a pas envoyé cette affliction, mais qu'il fait quelque chose de positif au milieu des difficultés peut nous aider à voir que le Créateur est bon et qu'il est digne de notre adoration.

J'aborde ce sujet parce que certaines personnes pensent que les afflictions ne sont pas seulement douloureuses, mais qu'elles ne peuvent avoir aucune portée positive dans nos vies. Par conséquent, il semblerait que Dieu n'ait aucune bonne raison de permettre que nous les subissions. Dans ce livre, j'ai fait part de certaines raisons pour lesquelles Dieu permet que son peuple subisse la souffrance. Même si vous avez le sentiment qu'au moins certaines de ces raisons justifient le fait que Dieu nous laisse vivre ces épreuves, vous vous demandez peut-être si les difficultés et les afflictions que nous subissons peuvent entraîner quoi que ce soit de positif.

Je voudrais vous répondre en vous présentant une liste de choses que Dieu peut accomplir dans la vie des affligés. J'ai trouvé encourageantes ces informations sur la manière dont Dieu peut utiliser la souffrance dans nos vies, même si elles ne m'ont pas vraiment aidé dans les premiers temps de mes propres luttes. Quand quelqu'un est encore sous le choc de la tragédie, lui dire : « Prends courage, Dieu peut faire beaucoup de choses positives à travers cette affliction et je voudrais te les partager » ne va probablement pas l'aider. À ce stade, celui qui souffre est trop blessé, trop en colère et trop sous le choc pour saisir pleinement la portée de cette information. Si vous commencez à réciter les usages bénéfiques de la souffrance, celui qui souffre risque de vous répondre rapidement qu'il se passerait volontiers de ces choses positives puisqu'il est nécessaire de subir l'affliction pour les recevoir. Il pourrait aussi simplement demander pourquoi, si Dieu peut faire sortir le bien du mal, il ne peut pas faire sortir le bien du bien.

Si vous recevez ce genre de réponses négatives, il serait sage de comprendre que celui qui souffre a besoin de temps pour commencer à guérir avant d'être disposé à envisager l'idée que quelque chose de bon puisse venir de quelque chose d'aussi mal et douloureux. Heureusement, à un stade plus avancé du processus de guérison, celui qui souffre sera prêt à entendre ce qui suit.

Avant de vous présenter comment Dieu peut utiliser la souffrance, je dois être clair sur ce que l'information qui suit ne veut pas dire. Montrer comment Dieu peut utiliser la souffrance peut sembler vouloir dire que ces effets positifs sont la raison pour laquelle Dieu permet la souffrance au départ. Je peux même donner l'impression de dire que ces utilisations de la souffrance prouvent que Dieu est un Dieu bon en dépit du mal présent dans notre monde.

Ce n'est pas ce que je veux dire ; d'ailleurs, je ne crois pas que ces deux affirmations soient justes. Si j'adhérais à de telles positions, je serais en train de dire que Dieu est un Dieu bon malgré le fait qu'il n'ait pas éliminé la souffrance et le mal parce qu'il est capable d'utiliser le mal comme moyen de produire une fin positive. Mais dire cela, c'est affirmer que la fin justifie les moyens. Ce n'est pas ma vision du bien et du mal, et je ne crois pas que les Écritures enseignent une telle éthique.

L'information que je vais partager n'est pas destinée à *justifier* la manière dont Dieu agit envers l'humanité, c'est-à-dire le genre de chose que les philosophes et les théologiens chrétiens font quand ils s'attaquent aux questions intellectuelles du type : « Pourquoi un Dieu plein d'amour et tout-puissant permet-il le mal dans le monde ? » J'ai abordé ces questions en détail dans un autre ouvrage[1].

Il existe toutefois une différence entre justifier que Dieu est bon en dépit du mal et aider les affligés à avoir des sentiments plus positifs envers Dieu en dépit de leur affliction. Plusieurs choses peuvent aider à enlever la souffrance émotionnelle et spirituelle quand les personnes affligées cherchent à vivre en paix avec le Dieu qui a permis cette souffrance. Ce que j'offre ici est une aide pour guérir la relation entre celui qui souffre et Dieu. Bien entendu, personne ne peut garantir que les choses que je vais partager vont aider ou à quel moment elles le feront au cours du processus. Toutefois, elles

---

1. *The Many Faces of Evil: Theological Systems and the Problems of Evil*, Wheaton, Ill., Crossway, 2004.

peuvent aider et, qu'elles le fassent ou non, elles sont issues de l'enseignement biblique concernant le croyant et la souffrance.

Comment, donc, Dieu peut-il utiliser l'affliction de manière positive dans la vie du juste qui souffre[2] ? De plusieurs manières, et je les ai divisées en *dix grandes catégories*. Il est naturel de penser que Dieu utilise une situation de souffrance donnée pour n'accomplir qu'une seule chose. Si nous ne percevons pas immédiatement ce que c'est, cela peut faire naître de la frustration. Cependant, dans une situation donnée, Dieu peut vouloir accomplir toute une série de choses et non pas une seule, et pas uniquement dans la vie de celui qui souffre. Dieu peut vouloir accomplir quelque chose dans la vie de celui qui souffre, quelque chose dans la vie de ceux qui connaissent celui qui souffre, et quelque chose en rapport avec les forces angéliques ou démoniaques. Dieu peut vouloir atteindre plusieurs objectifs dans un seul cas précis de souffrance.

Premièrement, Dieu peut permettre l'affliction pour la même raison que celle mentionnée dans Jean 9.1-3. Dans cette situation, tout comme maintenant, *l'affliction fournit à Dieu une occasion de manifester sa puissance*. Dans Jean 9, les disciples questionnent Jésus au sujet d'un homme aveugle de naissance : « *[Qui]* a péché, cet homme ou ses parents, pour qu'il soit né aveugle ? » Jésus écarte la croyance fréquente voulant que toute souffrance soit un

---

2. La question à savoir pourquoi les impies souffrent et comment Dieu utilise l'affliction dans leurs vies est importante également. Toutefois, les questions spirituelles les plus problématiques se concentrent sur la souffrance du juste. Bien que Dieu puisse utiliser l'affliction dans la vie des incroyants pour accomplir certains buts identiques à ceux qu'il vise chez les croyants, il peut aussi utiliser l'affliction des incroyants comme un châtiment pour leur péché. Je dois aussi clarifier le fait que lorsque je parle des justes qui souffrent, je ne désigne pas des personnes parfaites et sans péché. Seul Jésus-Christ correspond à cette description. Je fais plutôt référence aux chrétiens dont le mode de vie reflète fondamentalement leur désir de suivre Dieu et de se tenir loin du mal.

châtiment pour un péché particulier. Il leur répond : « Ce n'est pas que lui ou ses parents aient péché ; mais c'est afin que les œuvres de Dieu soient manifestées en lui. » À la stupéfaction de ceux qui y assistent, Jésus accomplit ensuite un miracle pour redonner la vue à cet homme. De la même manière, Dieu permet parfois l'affliction dans la vie des justes comme base pour une œuvre future qui manifeste sa puissance et sa gloire.

Nous avons constaté cela, dans une certaine mesure, pendant les premières années où Pat a dû affronter la maladie de Huntington. Bien qu'elle ait manifesté certains symptômes de la maladie, les médecins ont remarqué à maintes reprises à quel point il était étonnant que la maladie ait progressé si lentement pendant si longtemps. Ces remarques ont été plus d'une fois l'occasion pour nous d'affirmer notre foi dans le fait que nous n'étions pas simplement chanceux, mais que cela manifestait plutôt l'action de Dieu dans sa vie. Même si son état s'est considérablement aggravé depuis, cela ne remet pas en cause la manifestation de la puissance de Dieu dans les premiers stades de la maladie de Pat.

Deuxièmement, *Dieu peut utiliser l'affliction pour enlever une occasion de s'enorgueillir.* Quand notre vie se déroule sans problèmes, nous avons tendance à nous sentir autosuffisants. L'affliction nous rappelle que ce n'est pas le cas et que nous devons, en définitive, compter sur Dieu. Nous trouvons une illustration typique de ce principe dans la vie de l'apôtre Paul. Paul avait une écharde dans la chair, une forme d'affection physique dont la nature exacte fait l'objet de débats chez les biblistes. Dans 2 Corinthiens 12.8,9, Paul raconte qu'il a imploré Dieu de retirer cette écharde, mais que Dieu ne l'a pas fait. Paul dit que si Dieu avait résolu le problème, il aurait pu avoir une trop haute opinion de lui-même à cause des importantes révélations que Dieu lui avait accordées (v. 7). Cette écharde dans la chair lui rappelait constamment que même si Dieu lui avait révélé beaucoup de choses importantes (au sujet desquelles Paul a finalement écrit et qui se trouvent dans la Bible), il ne devait pas penser que cela signifiait qu'il était un « super chrétien », quelqu'un que Dieu avait la chance d'avoir dans son équipe ! Dieu utilise parfois l'affliction de la même manière dans nos vies.

Nous voyons, dans les deux premiers chapitres de Job, une troisième manière dont Dieu utilise la souffrance du juste. *Dieu permet les afflictions en partie pour montrer à Satan ce qu'est la foi authentique.* Satan affirmait que Job servait Dieu uniquement parce qu'il en tirait un bénéfice. Il n'y avait qu'à voir toutes les bénédictions que Dieu lui avait accordées ! Satan prédisait, de manière calomnieuse, que si Dieu retirait à Job ses bénédictions, Job cesserait de le servir. Dieu a répondu que Job le servait parce qu'il l'aimait sincèrement, et il a décidé de le prouver à Satan. À travers les afflictions et la fidélité indéfectible de Job envers Dieu, Satan a vu que certaines personnes servent effectivement Dieu par amour, et pas uniquement parce que cela leur rapporte quelque chose.

Dieu peut utiliser l'affliction dans nos vies pour accomplir un but particulier *pour nous*, et utiliser en même temps notre réponse pour montrer à Satan et à ses légions que même aujourd'hui, il existe encore des personnes qui aiment et servent Dieu en dépit de leurs circonstances personnelles. D'autres le constateront également. C'est extrêmement important, parce que, comme chrétiens, nous affirmons avoir les réponses ultimes aux problèmes de la vie. Bien sûr, il est assez facile d'affirmer de telles choses et d'être chrétien quand tout va bien. Ce que bon nombre de non-chrétiens veulent savoir, toutefois, c'est si le christianisme fonctionne quand les choses vont mal. Cela constitue l'une des mises à l'épreuve véritables de toute religion. Si nous nous détournons de Dieu au sein de l'affliction, nous disons à ceux qui nous regardent qu'en période de crise, le christianisme n'offre pas plus de réponses que n'importe quelle autre religion ou idéologie. Dieu a encore besoin de personnes, aujourd'hui, qui montreront aux autres que lorsque la vie apporte l'imprévu ou même la tragédie, ils continuent à aimer et servir Dieu, non pas parce qu'ils en retirent un profit, mais parce que Dieu est digne de leur dévouement.

C'est pourquoi Pierre nous dit qu'au sein de l'affliction, nous devons être prêts à expliquer pourquoi nous gardons notre espérance en Dieu (1 Pi 3.15). Ce verset est souvent sorti de son contexte pour montrer que les chrétiens doivent toujours défendre leur foi de manière générale. C'est-à-dire que la discipline universitaire de l'apologétique devrait être encouragée. Cependant, ce n'est ni le sens ni le contexte de ce verset. Dans 1 Pierre 3, Pierre parle de souffrir pour la justice en tant que disciple de Christ. Beaucoup de ses lecteurs étaient persécutés pour leur foi. Il y avait sans doute des gens qui se moquaient de la foi de ces chrétiens, affirmant qu'elle ne pouvait pas les protéger de la persécution dont ils étaient victimes. Pierre a enseigné à ces chrétiens (et à chacun d'entre nous) que lorsque l'affliction vient et que nous sommes mis au défi d'expliquer pourquoi nous continuons à croire en Dieu et à lui demeurer fidèles en dépit de ce qui arrive, nous devons être prêts à défendre notre espérance continuelle. Notre espérance est qu'il y a un Dieu qui sait ce que nous vivons et qui se soucie de nous. C'est l'espérance que Dieu réparera le tort que d'autres nous ont infligé. Et c'est l'espérance que Dieu nous délivrera de la souffrance et de la peine que nous endurons et qu'il nous accordera sa grâce jusqu'à ce qu'il retire l'épreuve ! Pierre ajoute que notre réponse doit être à la fois verbale et non verbale (1 Pi 3.15-17). Cela signifie que nous ne devons pas seulement expliquer pourquoi nous avons une espérance et pourquoi le christianisme fait la différence, mais que nous devons aussi vivre comme des gens pour qui le christianisme fait toute la différence. Nous n'osons pas utiliser notre affliction comme excuse pour nous justifier de déserter les principes chrétiens et de désobéir à la Parole de Dieu.

Quatrièmement, *Dieu utilise parfois l'affliction comme une occasion de démontrer aux croyants et aux incroyants le concept du corps de Christ.* Selon 1 Corinthiens 12.12-26, toute personne qui croit en Jésus-Christ comme Sauveur est membre du corps de Christ. Nous sommes reliés les uns aux autres par Christ, et nous avons besoin les uns des autres. Le verset 26 dit : « *[Si]* un membre souffre, tous les membres souffrent avec lui. » Cela signifie que quand quelqu'un souffre, tout le monde souffre, et que lorsque quelqu'un se réjouit, tout le monde se réjouit. C'est la situation idéale, mais elle ne correspond pas toujours à ce que nous vivons. Trop souvent, les chrétiens se comportent les uns envers les autres comme si tous les membres du corps de Christ étaient totalement isolés. Afin de corriger cette mauvaise attitude, Dieu peut parfois utiliser l'affliction d'un membre du corps pour montrer aux autres membres que les croyants ont besoin les uns des autres et doivent s'entraider.

Le concept du corps de Christ peut être démontré à travers l'affliction de plusieurs manières différentes. La souffrance donne l'occasion aux personnes affligées d'expérimenter l'amour compatissant de Dieu par le biais d'autres croyants. Elle permet à ceux qui souffrent de comprendre, par l'expérience, ce que cela signifie que d'autres portent leurs fardeaux (Ga 6.2). Ces vérités nous ont été démontrées de manière frappante, à plusieurs reprises, par les paroles et les actions de chrétiens qui se souciaient de nous.

De plus, la souffrance donne aux autres croyants l'occasion de manifester l'amour chrétien à ceux qui sont dans le besoin. Quand nous aidons les membres affligés du corps, nous comprenons davantage à quel point nous avons besoin les uns des autres. Nous faisons aussi l'expérience de ce que signifie manifester l'amour chrétien et la compassion. Dieu peut permettre que l'affliction touche un autre membre de notre famille spirituelle pour nous donner cette opportunité de l'aider.

Jésus a dit que le monde saurait que les chrétiens sont ses disciples s'ils s'aimaient les uns les autres. Aider un frère ou une sœur qui souffre est une manière concrète de montrer que nous sommes disciples de Christ.

Cinquièmement, les Écritures enseignent aussi que *l'affliction dans la vie du juste peut, de plusieurs manières, favoriser la sainteté.* Pierre exprime l'idée générale que l'expérience de la souffrance aide le chrétien à se débarrasser du péché. Il écrit dans 1 Pierre 4.1,2 :

> Ainsi donc, Christ ayant souffert dans la chair, vous aussi armez-vous de la même pensée. Car celui qui a souffert dans la chair en a fini avec le péché, afin de vivre, non plus selon les convoitises des hommes, mais selon la volonté de Dieu, pendant le temps qui lui reste à vivre dans la chair.

Quand Pierre dit que celui qui souffre « en a fini avec le péché », il ne veut pas dire que, par la souffrance, le chrétien est complètement libéré de la puissance, de l'influence ou de la culpabilité du péché. Comme l'enseigne 1 Jean 1.8 : « Si nous disons que nous n'avons pas de péché, nous nous séduisons nous-mêmes, et la vérité n'est point en nous. » Il est impossible de retirer complètement l'influence du péché ici-bas. Pierre veut plutôt dire que les afflictions ont tendance à éloigner les chrétiens de certains péchés particuliers. Elles le font en nous aidant à résister aux tentations qui nous entourent plutôt qu'à leur céder. Quand l'affliction nous garde de commettre certains péchés spécifiques, nous nous rapprochons du Seigneur et nous voyons davantage les choses avec l'importance qu'il leur accorde. Cela prouve que le Saint-Esprit est à l'œuvre en nous pour nous aider à croître dans la sainteté et dans la conformité au caractère de Jésus-Christ.

L'affliction favorise la sainteté ou la sanctification en éprouvant notre foi :

> C'est là ce qui fait votre joie, quoique maintenant, puisqu'il le faut, vous soyez attristés pour un peu de temps par diverses épreuves, afin que l'épreuve de votre foi, plus précieuse que l'or périssable (qui cependant est éprouvé par le feu), ait pour résultat la louange, la gloire et l'honneur, lorsque Jésus-Christ apparaîtra (1 Pi 1.6,7).

L'intérêt de cette mise à l'épreuve de la foi n'est pas l'épreuve en elle-même, mais son résultat, c'est-à-dire le résidu de foi qui demeure quand l'épreuve est terminée. Le point de Pierre n'est pas que l'épreuve en elle-même est précieuse, parce qu'elle est une souffrance et cela n'est pas plus précieux que l'or. C'est plutôt la foi qui subsiste après l'épreuve qui est précieuse. Par conséquent, comme Pierre le dit, les chrétiens peuvent subir des afflictions parce qu'à travers ces expériences, Dieu éprouve leur foi. Le résultat final est que, lors du retour de Christ, la foi éprouvée du chrétien sera trouvée authentique et aura pour résultat la louange, l'honneur et la gloire de Dieu.

La sainteté est aussi favorisée par la souffrance quand Dieu utilise cette dernière comme outil d'instruction pour amener les croyants à se rapprocher du Seigneur et à être encore plus semblables à Christ. Par exemple, Jacques 1.3,4, Romains 5.3,4 et 1 Pierre 5.10 nous enseignent que Dieu fait grandir notre persévérance ou notre endurance par l'adversité. Hébreux 5.8 déclare que même Christ, dans son humanité, a appris l'obéissance par la souffrance. Or, si Dieu veut nous enseigner quelque chose, il doit avoir notre attention. Quand nos vies sont exemptes d'affliction, il nous est facile de devenir trop indépendants et inattentifs à ce que le Seigneur veut nous enseigner alors qu'il désire nous attirer plus près de lui. Quand l'affliction arrive, bien que nous puissions être enclins à nous rebeller contre Dieu, si nous prêtons attention à ce que Dieu tente de nous enseigner, nous pouvons au contraire apprendre des choses que nous n'aurions autrement pas été disposés à entendre.

À travers les moments difficiles, les chrétiens peuvent aussi se rapprocher de Dieu en apercevant sa souveraineté et sa majesté comme ils ne les avaient jamais vues auparavant. Le passage de Job 42.2-4 nous raconte la réponse d'un homme qui a souffert plus que quiconque. Bien que Job ait été juste (Job 1.8,21,22 ; 2.3,10), il a quand même enduré de terribles épreuves et de grandes souffrances, et il a cherché Dieu pour comprendre pourquoi. Dieu a finalement répondu à Job (chap. 38 à 41), le submergeant par la révélation de sa puissance et de sa majesté. Job s'est alors écrié (42.2-4) qu'il comprenait maintenant que Dieu peut tout faire. Il nous arrive également que notre conception de Dieu soit beaucoup trop petite, et Dieu l'élargit en nous envoyant des afflictions et en se révélant comme le Tout-Puissant qui est là pour nous. Comme Job, nous nous rapprochons du Seigneur quand nous apprenons à mieux le connaître.

La souffrance produit également la sanctification parce qu'elle conduit à l'intimité avec Dieu. Là encore, le cas de Job est instructif. Même si Job avait grandi dans sa foi avant de souffrir, il avait besoin de se rapprocher de Dieu. Le discours qu'il tient à la fin de son épreuve montre qu'il est parvenu à une connaissance de Dieu plus profonde que jamais auparavant. Il dit : « Mon oreille avait entendu parler de toi ; mais maintenant mon œil t'a vu » (Job

42.5). La simple connaissance théorique qu'il avait de Dieu s'est transformée en une expérience personnelle. Il n'y a rien de tel que l'affliction pour transformer les idées intellectuelles abstraites que nous avons de la souveraineté, du réconfort et de la sollicitude de Dieu, en réalités concrètes.

L'affliction peut encore encourager la sanctification d'une autre manière. *Dieu peut utiliser l'affliction pour inciter les justes à choisir la croissance spirituelle plutôt que le péché.* Cet exemple vient de Jacques 1.1-12. Le sujet de ce passage est clairement l'affliction, alors que le reste de Jacques 1 concerne la tentation du péché.

Le terme grec typiquement employé pour parler de la tribulation, de l'affliction ou de la souffrance est *thlipsis*. Ce terme n'apparaît jamais dans le Nouveau Testament dans le contexte de la tentation. Cependant, le nom *peirasmos* et le verbe *peirazō* sont les termes habituellement employés pour désigner la tentation et le fait de tenter. Dans plusieurs versets, ils désignent une épreuve ou un test (par ex. 1 Pi 4.12 ; Ac 9.26 ; 16.7 ; 24.6 ; Ap 2.2). Toutefois, ces versets ne mettent pas l'accent sur l'affliction ou la souffrance, mais plutôt sur le fait de mettre quelqu'un à l'épreuve. À la lumière de ces usages généraux de *thlipsis* et *peirasmos* dans le Nouveau Testament, nous devrions nous attendre à trouver *thlipsis* dans Jacques 1.1-12 et *peirasmos* aux versets 13 et suivants. Or, c'est *peirasmos* qui est utilisé dans tout le chapitre ; *thlipsis* n'apparaît à aucun moment. Ce qui m'amène à poser les questions suivantes : Jacques suggère-t-il que les afflictions sont des tentations ou des épreuves ? Toutes les tentations sont-elles des afflictions ? Toutes les afflictions sont-elles des tentations ?

La réponse à la première question est sujette à des débats, mais il est plus facile de répondre aux deuxième et troisième questions. Toutes les tentations sont-elles des afflictions ? De toute évidence, ce n'est pas le cas. Certaines tentations surviennent au sein de l'affliction (comme la tentation de maudire Dieu, à laquelle Job a été confronté quand il souffrait), mais bien souvent, la tentation survient sans être accompagnée d'aucune affliction.

Toutes les afflictions sont-elles des tentations ? Toutes les afflictions sont *potentiellement* des tentations, parce qu'elles nous fournissent une occasion d'être tenté. Quand une personne qui souffre est en colère contre Dieu par exemple, elle est tentée de se détourner de lui. Elle peut céder à la tentation, mais elle peut aussi répondre positivement avec foi et résister à la tentation qui est née de ses difficultés. Quand ceux qui souffrent résistent à la tentation, l'affliction leur permet de se rapprocher de Dieu. C'est peut-être implicitement ce que Jacques veut nous dire en utilisant le terme *peirasmos* quand celui de *thlipsis* semblerait être plus naturel.

La dernière façon dont l'adversité favorise la sainteté, c'est en offrant à ceux qui souffrent l'occasion d'imiter le Christ. Beaucoup aimeraient imiter Christ si cela signifiait posséder sa puissance, sa gloire et son autorité sur toutes choses. Nous sommes cependant appelés à imiter Christ d'une autre manière. Ceux qui souffrent pour la justice peuvent souffrir injustement et dans l'intérêt des autres. Ce faisant, ils imitent l'exemple du Sauveur (1 Pi 3.17,18). De plus, les justes qui souffrent peuvent être tenus d'endurer cette affliction et cette persécution sans se plaindre. Ce faisant, ils suivent encore le modèle du comportement du Seigneur (1 Pi 2.21-23).

Jésus a mis en perspective toute la question de ce à quoi ses disciples devraient s'attendre. Il a dit que « Le disciple n'est pas plus que le maître, ni le serviteur plus que son seigneur. Il suffit au disciple d'être traité comme son maître, et au serviteur comme son seigneur » (Mt 10.24,25). Si le disciple doit être comme son maître, et si son maître est Jésus, le disciple peut s'attendre à recevoir de la part de la société le même traitement que Jésus a reçu. Les gens de son temps ont crucifié notre Seigneur. Les disciples de Christ peuvent-ils raisonnablement s'attendre à échapper à la persécution ?

L'apôtre Jean confirme également ce point. Il nous dit que les enfants de Dieu peuvent s'attendre à ce que leurs buts, leurs valeurs et leur mode de vie soient mal interprétés par ceux qui ne sont pas en Christ, et pour les mêmes raisons qui ont valu à Christ de ne pas être compris (1 Jn 3.1). Le monde ne partageait pas et ne comprenait pas les desseins et les valeurs du Seigneur. Par conséquent, ses ennemis l'ont mis à mort.

Plus nous sommes semblables à Christ en tant qu'enfants de Dieu, moins nous pouvons nous attendre à être compris et acceptés par le monde qui nous entoure. Et plus nous pouvons nous attendre à nous attirer la colère de Satan et du monde. Bien entendu, quand nous imitons Christ dans ses souffrances, cela favorise notre sanctification ou notre sainteté.

L'apôtre Paul affirme cela également dans Philippiens 3. Il raconte qu'il a renoncé à tout ce qu'il a accompli et à son mode de vie pour suivre Christ. Dans les versets 10 et 11, il énonce des objectifs que tout chrétien devrait vouloir atteindre :

> Ainsi je connaîtrai Christ, et la puissance de sa résurrection, et la communion de ses souffrances, en devenant conforme à lui dans sa mort, pour parvenir, si je puis, à la résurrection d'entre les morts.

La plupart, si ce n'est la totalité, des chrétiens désireraient certainement les deux premiers points que Paul propose comme objectifs. Nous aimerions mieux connaître Christ, et qui ne voudrait pas voir à l'œuvre dans sa vie le genre de puissance qui a ressuscité Christ d'entre les morts ? En ce qui concerne la communion aux souffrances du Christ, la majorité d'entre nous serait heureuse de s'en passer. Paul a toutefois raison de l'inclure dans ses objectifs, parce qu'il est difficile de saisir comment nous pourrions vraiment apprendre à connaître Christ et ce qu'il a vécu sans être nous aussi affligés pour la justice. Nous devons aussi nous rappeler que la puissance qui a ressuscité Christ d'entre les morts est venue après son assassinat injuste sur la croix. Dans ce cas au moins, la puissance n'était pas dissociée de la souffrance. Il en est peut-être de même avec nous. C'est souvent seulement quand nous sommes totalement écrasés par l'épreuve et que nous arrivons aux limites de nos capacités à l'affronter que nous nous décidons à l'abandonner entre les mains de Dieu et à contempler son incroyable puissance nous en délivrer.

Tout cela signifie que même au sein de la pire affliction, Dieu est à l'œuvre pour utiliser la souffrance pour nous rapprocher de lui. Cela ne rend pas la peine et la souffrance moins mauvaises, mais cela devrait nous encourager à prendre conscience que l'affliction n'est pas toujours un signe que Dieu nous a abandonnés.

Sixièmement, en plus d'utiliser la souffrance pour parfaire notre sanctification, *Dieu utilise parfois la souffrance pour nous préparer à un futur ministère et faire de nous un sujet de bénédiction.* Par exemple, Dieu permet parfois l'affliction dans la vie d'une personne pieuse pour lui permettre d'exercer un ministère. En dépit de leur détresse, et même à cause d'elle, les chrétiens affligés peuvent venir en aide aux autres de diverses manières. Ceux qui endurent l'adversité peuvent apporter un formidable témoignage à ceux qui ne connaissent pas Christ comme leur Sauveur personnel. Beaucoup de non-chrétiens observent attentivement la manière dont les chrétiens réagissent quand ils traversent des difficultés. Quand ils voient le juste être affligé, mais demeurer fidèle au Seigneur, ils sont vraiment impressionnés. Comme le dit Pierre (1 Pi 3.15,16), leur persévérance dans la foi et le témoignage positif que cela rend réduisent au silence les pensées négatives des hommes méchants, mais servent aussi de témoignage positif à ceux qui ne connaissent pas Dieu personnellement par Jésus-Christ.

Tout comme le fait de demeurer fidèle à Dieu dans la souffrance fournit un témoignage pour les non-chrétiens, cela peut aussi venir en aide aux chrétiens. Ceux qui demeurent fidèles au Seigneur durant les épreuves sont un encouragement pour d'autres à demeurer fidèles en dépit de leurs propres problèmes. Les paroles que Pierre adresse aux chrétiens qui souffrent me viennent ici à l'esprit. Il les encourage à résister au diable et à prendre fermement position pour Christ malgré les afflictions qu'ils subissent. Pierre écrit, en rapport avec notre adversaire :

> Résistez-lui avec une foi ferme, sachant que les mêmes souffrances sont imposées à vos frères dans le monde (1 Pi 5.9).

Le message de Pierre est clair. Vous n'êtes pas la seule personne qui souffre pour Christ aux mains de Satan et de ses légions. Des frères et des sœurs en Christ, dans le monde entier, sont assaillis par les épreuves, tout comme vous souffrez vous-mêmes. Prenez courage ; vous n'êtes pas seuls dans cette bataille. D'autres, qui se trouvent en première ligne, n'ont pas capitulé devant l'ennemi et ne se sont pas détournés de Christ. Ne le faites pas non plus ! En outre, Dieu peut utiliser les afflictions pour nous préparer à réconforter d'autres qui passent aussi par des temps de souffrance (2 Co 1.3,4).

Dans un certain sens aussi, ceux qui demeurent loyaux à Dieu au sein des épreuves aident non seulement les autres, mais s'aident eux-mêmes. Autrement dit, alors que nous nous attachons à Dieu dans notre souffrance, Dieu utilise cela pour nous préparer à un ministère encore plus grand. Je pense ici au rôle joué par l'affliction dans la vie de Christ pour le préparer à un plus grand et plus puissant ministère. Nous lisons dans Hébreux 2.10 : « Il convenait, en effet, que celui pour qui et par qui sont toutes choses, et qui voulait conduire à la gloire beaucoup de fils, ait élevé à la perfection par les souffrances le Prince de leur salut. » L'expression « élevé à la perfection » ne fait pas référence à l'absence de péché. Cela n'aurait aucun sens dans le cas présent, car Christ a toujours été parfait ! L'expression signifie plutôt « être amené à la plénitude ou à la maturité ». En d'autres termes, Jésus-Christ a été préparé, dans son humanité, à être le Sauveur complet (tout ce qu'un Sauveur doit être), en subissant diverses afflictions, avant même d'être conduit à la croix. Si Dieu pouvait utiliser l'adversité pour préparer Christ à être notre Sauveur, il peut assurément utiliser la souffrance pour nous préparer également à un plus grand ministère.

Septièmement, *Dieu utilise aussi la souffrance et la détresse pour nous préparer à d'autres épreuves.* Le simple fait qu'une dure épreuve nous atteigne ne devrait pas nous amener à penser que nous avons reçu notre quota pour notre vie entière. Étant donné que nous vivons dans un monde déchu, nous pouvons nous attendre à rencontrer d'autres afflictions. En réalité, il se peut même que des épreuves encore plus grandes et plus difficiles soient à venir. Si elles étaient survenues plus tôt, elles nous auraient peut-être anéantis, mais Dieu, dans sa bonté et sa grâce, nous prépare pour chaque nouvelle épreuve. Cette préparation consiste en partie à affronter et à supporter les douleurs et les peines actuelles.

Prenez le cas d'Abraham. Imaginez que lors de sa *première* rencontre avec Dieu, il ait eu à offrir son fils Isaac (Ge 22). Cela aurait probablement été trop pour lui. Dieu le savait, donc il lui a fait traverser sans encombre d'autres épreuves avant de lui donner l'épreuve la plus difficile. La foi et l'endurance, comme d'autres vertus chrétiennes, peuvent grandir et se développer. L'une des manières par lesquelles Dieu favorise la croissance de ces vertus est de nous soutenir admirablement à travers nos épreuves actuelles. Il sait exactement ce que nous pouvons endurer à tout moment. Le plan que Dieu a en nous donnant la grâce de supporter chaque jour est en partie destiné à nous préparer à recevoir et à utiliser la grâce du lendemain quand nous serons confrontés aux défis qu'il apportera !

Huitièmement, *Dieu utilise la souffrance dans la vie des justes pour les préparer au jugement de leurs œuvres.* Selon 1 Pierre 1.7, l'affliction aide à préparer le chrétien pour le retour de Christ. Quand Christ reviendra pour son Église, tous les chrétiens lui rendront compte de ce qu'ils ont fait dans leurs vies (2 Co 5.10 ; 1 Co 3.10-15). Pierre écrit dans 1 Pierre 1.7 que l'affliction aide à préparer ceux qui souffrent à ce jugement pour que leur foi et leurs actions aient pour résultat la louange, la gloire et l'honneur, lorsque Jésus-Christ apparaîtra.

Le lien entre la souffrance et la récompense peut ne pas être évident, mais il peut être expliqué. En endurant les afflictions, nous devrions ressembler encore plus à Christ, ce qui nous conduira à mener des vies qui seront probablement remplies d'œuvres qui plaisent à Dieu. Au jour du jugement, il sera manifeste que nous avons construit nos vies avec de l'or, de l'argent et des pierres précieuses, et non avec du bois, du foin ou du chaume (1 Co 3.12-15). Les vies agréables à Dieu seront récompensées. Donc, plutôt que d'interpréter les difficultés comme un signe du mécontentement de Dieu, nous devrions nous rendre compte que Dieu veut probablement les utiliser pour nous préparer au jour du jugement, quand notre persévérance à travers le feu servira de base pour la récompense.

Neuvièmement, *Dieu peut utiliser nos afflictions comme fondement pour nous exalter à la fin.* Pierre enseigne à plusieurs reprises sur le thème de la souffrance et de la gloire (1 Pi 1.6,7,11,21 ; 2.12,19-21 ; 3.9,14-22 ; 4.1,4,12-16,19 ; 5.1-6,9,10). Le message est très clair.

Dans le fonctionnement voulu par Dieu, ceux qui veulent être grands doivent d'abord être abaissés. Pierre écrit : « Humiliez-vous donc sous la puissante main de Dieu, afin qu'il vous élève au temps convenable » (1 Pi 5.6). L'affliction nous humilie certainement, mais, quel que soit notre niveau d'humiliation, la souffrance endurée pour la justice est clairement un prélude à l'exaltation. Christ est l'exemple parfait de cette vérité (1 Pi 2.20,21 ; Ph 2.5-11). Si nous voulons régner avec Christ, nous devons suivre son exemple de souffrance pour la justice.

Enfin, *Dieu peut utiliser les afflictions comme moyen pour nous emmener auprès de lui.* À la fin de notre vie, notre dernière affliction nous fera entrer dans la présence de Dieu. Cela peut ne pas sembler très positif, mais c'est peut-être parce que nous ne sommes pas entièrement d'accord avec Philippiens 1.21 : « car Christ est ma vie, et mourir m'est un gain ». Ni Paul ni moi ne suggérons que nous devrions souhaiter mourir, ou que la mort elle-même est bonne. La cause de la mort – le péché – et l'événement lui-même ne sont pas bons. Toutefois, pour le chrétien, la mort est la porte vers la bénédiction éternelle dans la présence de Dieu. Par conséquent, la mort d'un chrétien n'est pas nécessairement un signe de désapprobation de la part de Dieu. Une affliction menant à la mort peut très bien être le moyen que Dieu utilise pour nous faire passer en sa présence.

Ainsi se termine ma présentation des manières dont Dieu peut utiliser la souffrance. Dans une situation donnée, l'un ou plusieurs de ces points peuvent expliquer en partie les raisons pour lesquelles Dieu permet que le mal atteigne son peuple. Peut-être que, dans certains cas précis, il n'accomplit aucune de ces choses. Toutefois, quand quelqu'un subit une affliction et est en colère parce que Dieu n'y met pas fin, lui indiquer ces différents usages du mal peut aider à soulager ses sentiments de confusion et de colère. Bien entendu, il est parfois impossible de déterminer exactement pourquoi Dieu permet une souffrance spécifique. Il peut tout simplement vouloir nous rappeler qu'en définitive, ses voies dépassent notre entendement. À un certain moment, nous devons laisser Dieu être Dieu et le laisser connaître certaines choses qui nous échappent !

Ceux qui souffrent peuvent se débattre avec une autre question. Ces usages de la souffrance montrent que Dieu peut faire sortir du bien à long terme d'un mal à court terme. Pourtant, un Dieu tout-puissant n'est-il pas capable de faire sortir du bien à long terme d'un bien à court terme ? S'il le peut, pourquoi ne le fait-il pas ? La Bible ne répond pas à cette question, et je ne suis pas sûr que nous pouvons connaître avec certitude la réponse avant d'être dans la présence du Seigneur. Je peux cependant émettre une suggestion concernant ce qui peut en partie expliquer pourquoi Dieu n'utilise pas un bien à court terme pour produire un bien à long terme dans une situation précise. Voici ma suggestion : Dieu veut œuvrer dans nos vies pour accomplir ses bons desseins. Dans de nombreuses situations, comme nous l'avons vu, il veut nous enseigner quelque chose. Il est bien sûr très difficile d'enseigner quoi que ce soit à quelqu'un s'il n'est pas attentif. Aucune autre chose n'attire notre attention comme l'affliction. Certes, Dieu pourrait faire sortir un bien à long terme d'un bien à court terme, mais quand nous ne recevons que des bénédictions, nous avons tendance à être trop sûrs de nous. Nous risquons de ne pas prêter attention à Dieu. Dans ce cas, tout ce que Dieu veut nous enseigner par cette expérience sera probablement perdu.

Est-ce toujours la raison pour laquelle Dieu fait ressortir le bien à long terme du mal à court terme plutôt que du bien à court terme ? Lui seul le sait avec certitude. Mais cela offre au moins une explication possible au fait que Dieu accomplisse ses objectifs en utilisant la souffrance.

Nous demandons souvent à Dieu de nous garder de l'épreuve et de l'affliction. Quand ce n'est pas le cas, nous pouvons facilement nous mettre en colère et nous demander pourquoi Dieu n'a pas exaucé notre prière. Néanmoins, si nous prenons au sérieux le fait que notre monde est déchu et que nous sommes engagés dans un combat spirituel, nous comprenons mieux pourquoi Dieu ne met pas toujours fin à notre souffrance. Au lieu de demander d'être complètement dispensés de la bataille et des blessures qui l'accompagnent, considérez le sage conseil de Phillips Brooks (1835-1893) :

Ne priez pas pour avoir des vies faciles ; priez pour être *[des gens]* plus forts ! Ne priez pas pour avoir des tâches à la mesure de vos capacités, priez pour avoir les capacités à la mesure de vos tâches. Alors, l'accomplissement de votre travail ne sera pas un miracle, mais vous serez un miracle. Vous vous émerveillerez chaque jour de vous-même, et de la richesse de la vie que la grâce de Dieu vous a accordée.

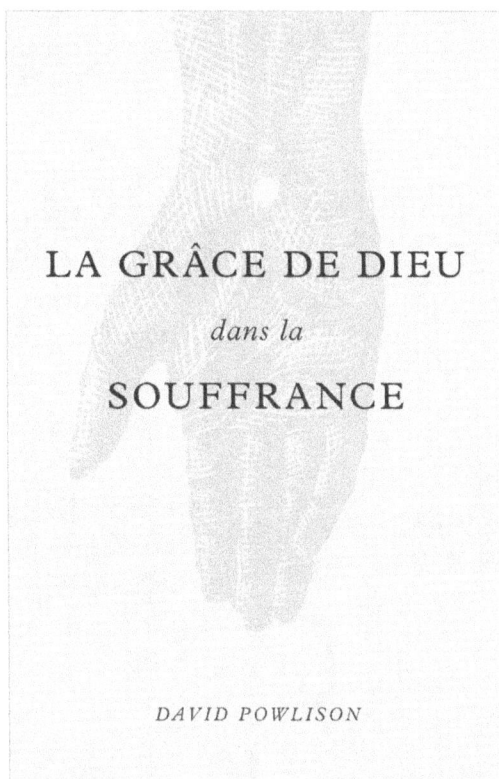

LA GRÂCE DE DIEU dans la SOUFFRANCE

DAVID POWLISON

LA GRÂCE DIEU DANS LA SOUFFRANCE

DAVID POWLISON

Dans ce livre, David Powlison utilise les Écritures, des témoignages personnels et les paroles d'un cantique afin de nous faire comprendre que Dieu nous accompagne dans nos souffrances et qu'il est à l'œuvre lorsque nous traversons des difficultés. L'auteur nous amène ainsi à découvrir toute la profondeur de la grâce de Dieu.

5,5 x 8,5 po | broché | 123 pages
978-2-89082-340-2

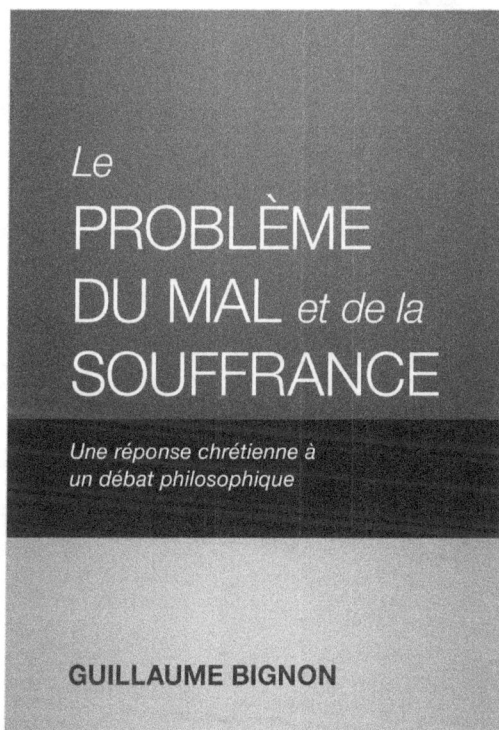

LE PROBLÈME DU MAL ET DE LA SOUFFRANCE

GUILLAUME BIGNON

Comment croire en un Dieu tout-puissant et parfaitement bon, lorsqu'il y a tant de mal dans ce monde ? Ce livre présente les éléments nécessaires pour une réponse solide à l'argument du problème du mal, en introduisant les concepts philosophiques essentiels, mais à un niveau accessible.

5 x 7 po | broché | 48 pages
978-2-89082-291-7

PUBLICATIONS CHRÉTIENNES

Publications Chrétiennes est une maison d'édition évangélique qui publie et diffuse des livres pour aider l'Église dans sa mission parmi les francophones. Ses livres encouragent la croissance spirituelle en Jésus-Christ, en présentant la Parole de Dieu dans toute sa richesse, ainsi qu'en démontrant la pertinence du message de l'Évangile pour notre culture contemporaine.

Nos livres sont publiés sous six différentes marques éditoriales qui nous permettent d'accomplir notre mission :

ÉDITIONS
IMPACT

IMPACT
HÉRITAGE

IMPACT
ACADÉMIA

éditions
cruciforme

La Rochelle

EPEUROPRESSE

Nous tenons également un blogue qui offre des ressources gratuites dans le but d'encourager les chrétiens francophones du monde entier à approfondir leur relation avec Dieu et à rester centrés sur l'Évangile.

REVENIR À
L'ÉVANGILE

reveniralevangile.com

Procurez-vous nos livres en ligne ou dans la plupart des librairies chrétiennes.

pubchret.org | xl6.com | maisonbible.net | amazon

www.ingramcontent.com/pod-product-compliance
Lightning Source LLC
LaVergne TN
LVHW051304080426
835509LV00020B/3141